AROUND

Vol.105
2026 February

나와 우리의 집 My Taste, Our Home

ISSN 2287-4216
ISBN 979-11-6754-055-3
KRW 18,000

Moon Yejin & Kim Jinho, EGG 2, Amira & Kim Jeongmin,
Park Chanyong, Boyeon, Jeon Seonhye & Seo Minbeom, gottagohome,
Lim Elang, Yume, Park Heesoo, Eem Mireu, FINCA, Kazuma Higashino

이번 호를 준비하며 자연스럽게 떠올랐던 질문이 있습니다.
집은 언제부터 '나의 공간'을 넘어 '우리의 이야기'가 되었을까,
하는 것이었습니다. 각자의 취향과 선택은 아주 사소한 지점에서
시작됩니다. 좋아하는 색, 익숙한 냄새, 손이 자주 가는 가구 하나,
혹은 하루를 보내는 방식까지. 그렇게 오롯이 '나'로부터 출발한
선택들이 서로를 만나고, 조율되고, 겹쳐지며 어느 순간 '우리의
집'을 만들어갑니다. 이번 호에는 그런 과정에 대한 이야기들이
담겨 있습니다. 식물을 돌보고, 동물과 함께 살며, 가족의 시간을
고려해 집의 구조를 다시 고민하고, 일과 삶의 리듬에 맞춰 공간을
선택한 사람들. 집이라는 공간을 통해 각자의 삶의 태도와 관계의
방식이 자연스럽게 드러납니다. 나와 우리를 닮은 집의 모습은
모두 다르지만, 그 안에는 공통적으로 '어떻게 살고 싶은가'라는
질문이 담겨 있습니다. 독자 여러분에게도 자신의 집과, 그 안에
있는 '나와 우리'를 다시 한번 떠올려보는 시간이 되기를 바랍니다.

김이경—편집장

나와 우리의 집 My Taste, Our Home

Contents

Changing Moments
In My Daily Space
매일 달라지고 있어요

アガパンサス
ユリ科

K. higashino

반가워요. 한국의 독자들에게 인사해 줄래요?
안녕하세요. 히가시노 가즈마입니다. 아내, 반려묘 니보시와 함께 일본 오사카에 살고
있어요. 제 사진을 인상 깊게 봐주어서 고마워요. 제가 사는 도시는 일상의 흐름이 잔잔하게
느껴지는, 차분한 분위기가 깃든 곳이에요. 이곳에서 저는 제 속도에 맞춰 자유롭게 사진
찍는 걸 즐기며 살아요. 현재 간호대학에서 정신간호학을 가르치는 교원으로 일하고 있고요.
전에 병동에서 정신과 간호사로 일한 경험이 지금 하는 일에 밑거름이 되었죠.

사진에 등장하는 고양이는 니보시라고요. 무척 사랑스러워요.
아내와 저는 오래전부터 고양이를 좋아해서 언젠가 고양이와 함께 살고 싶다는 이야기를
자주 나눴어요. 그러다 브리더의 도움으로 니보시를 만났고, 바로 사랑에 빠져 가족으로
맞이하게 됐죠. 재밌게도 니보시 생일이 아내와 제가 처음 사귀기 시작한 날이에요.
그 우연이 주는 연결감에 크게 끌렸어요. 집에서 니보시는 변함없는 일상을 즐기는 것처럼
보여요. 약간 높은 곳에서 밖을 바라보거나 햇볕을 쬐고, 기분에 따라 좋아하는 자리를 옮겨
다니죠. 언제나 느리고 차분하게 하루를 보낸답니다.

**집 안이나 아파트 단지처럼 일상에서 종종 마주치는 순간을 자주 포착하는 것 같았어요.
이런 장면에 시선을 두는 이유가 궁금해요.**
저는 사람들이 지나치기 쉬운 일상의 조용하고 평범한 장면에 이끌려요. 나뭇잎 사이로
비치는 햇빛, 구름의 모양, 빛의 색이 미묘하게 바뀌는 순간 같은 것들이요. 이런 장면을
포착할 때면 일상 속에 숨어 있는 작은 보물을 발견한 듯한 기분이 들죠. 아무래도 제 삶의
가치관과 사진을 대하는 방식 때문에 이런 풍경에 시선이 머물게 되나 봐요. 저는 매일의
삶에 존재하는 작은 행복을 제대로 느끼는 걸 가장 중요하게 생각하거든요. 예를 들어 맛있는
음식을 먹거나, 따뜻한 목욕 후에 느끼는 편안함 같은 것들은 화려하진 않지만, 보통의
하루를 이루는 꾸준하고 의미 있는 기쁨이에요.

**사진에서도 그 기쁨이 느껴져요. 소소한 행복을 포착할 때 중요하게 생각하는 부분도
있을까요?**
완벽한 구도로, 잘 찍으려고 지나치게 집중하진 않아요. 마음에 와닿는 장면을 있는 그대로
담으려고 하죠. 특정한 순간을 일부러 기다리지도 않고요. 좋다고 느껴지는 순간에 셔터를
누르는 편이에요. 아침과 저녁 방 안으로 들어오는 빛은 색과 결이 완전히 다르고, 도시
분위기도 하루 동안 계속 변해요. 그런 차이를 발견하는 게 일상을 촬영하는 즐거움이
아닐까요? 그래서 집에서는 언제든지 사진을 찍을 수 있도록 카메라를 늘 가까이 두죠.
제 사진이 공기나 온도, 공간의 분위기처럼 눈에 보이지 않는 감각까지 전할 수 있길 바라요.
이런 저의 태도와 바람이 사진에 자연스럽게 스며든다고 생각해요.

SNS에 이렇게 썼어요. "집 앞 운동장이 좋다. 아침엔 게이트볼하는 할머니, 점심은 축구클럽 아이들. 매일 다른 풍경을 보니 힘이 난다." 사소한 하루의 풍경이 안겨주는 힘에 관해 더 듣고 싶어요.
일상의 장면들은 늘 비슷해 보이지만, 사실은 매일 조금씩 달라져요. 그런 미묘한 차이는 우리가 놓치기 쉬운 시간의 흐름이나 계절의 변화를 일깨워 주죠. 저는 이런 작은 깨달음의 순간들이 삶을 은근히 물들이고, 일상을 계속 살아가도록 우리를 지탱해 준다고 믿어요.

이번 호 주제는 '집'이에요. 가즈마 씨가 집에 애착을 가지거나 편안함을 느끼게 돕는 요소는 무엇인가요?
집이 집처럼 느껴지는 가장 큰 이유는 사랑하는 아내와 고양이 니보시가 있기 때문이죠. '좋은 아침, 잘 자, 다녀왔어, 다녀올게, 고마워.'라고 말할 수 있는 누군가가 있다는 게 큰 안정감을 줘요. 마음에 드는 물건들에 둘러싸여 있는 것도 중요하다고 생각해요. 저희 집 가구와 소품은 아내와 제가 정말 좋아하는 것들을 골라 천천히 모았어요. 시간이 걸리더라도 구성원들이 함께 공간을 구성해 가는 과정이 집을 집답게 만든다고 느껴요.

요즘 집에서 시선을 자꾸 두게 되는 장면이 있어요?
방 안으로 들어와 천천히 움직이는 빛이요. 집 근처 강 수면에 반사된 빛이 천장에 비치거든요. 물결이 일면 빛도 부드럽게 흔들려요. 니보시도 움직이는 빛에 관심을 보이면서 눈으로 빛을 따라가곤 하죠. 언젠가는 불규칙하게 움직이는 빛과 그 장면을 조용히 바라보는 니보시를 함께 사진으로 담아보고 싶네요.

집이라고 하면 유년 시절을 떠올리게 되는데요. 기억에 오래 남은 집에서의 순간을 들려줄래요?
온 가족이 식탁에 둘러앉아 있던 시간이요. 식사 시간은 학교와 일터에서 있었던 일을 나누는 소중한 순간이었어요. 크리스마스나 새해처럼 특별한 날에는 평소와 다른 음식이 차려졌는데, 저는 그 시간을 특히 좋아했어요. 이런 평범한 순간들이 기억에 강하게 자리 잡은 이유는 자라면서 가족 모두 식탁에 모이는 일이 점점 줄었기 때문이에요. 아버지가 다른 지역에서 근무하시고 저마다 일상도 변하게 되면서, 당연하게 여기던 시간도 특별한 일이 되어갔죠. 이런 경험을 하며 쉽게 지나칠 법한 일상의 가치를 깊이 깨닫게 되었어요. 지금도 가족 사이는 가깝고, 아버지는 올해 오사카로 돌아오실 예정이에요. 지금은 어린 시절의 집에 살진 않지만, 언젠가 그곳에서 예전처럼 식탁에 둘러앉아 시간을 보낼 수 있다면 좋겠어요.

익숙한 공간을 새롭게 관찰하기 위해서 어떻게 해야 할까요?
특별한 무언가를 할 필요는 없다고 생각해요. 눈앞에 있는 평범함에 주의를 기울여 보세요. 집에 들어오는 빛, 방의 고요함, 하루하루 조금씩 달라지는 공기를 알아차리다 보면 집의 풍경이 조금 다르게 보이기 시작할지도 몰라요. 생각보다 많은 발견이 숨어 있어요. 이런 작은 인식의 순간들이 공간의 의미를 다시 생각해 보는 계기가 된답니다. 집을 더 사랑하게 해줄 수도 있고요.

느린 시선으로 집을 다시 바라보고 싶어지는 대화였어요. 가즈마 씨의 사진을 본 사람들이 무엇을 경험하길 바라요?
당연하게 여기던 것들에 시선을 돌리는 계기가 되었으면 해요. 매일 똑같아 보이는 장면과 순간들은, 빛과 공기 그리고 함께하는 존재들로 인해 조금씩 달라져요. 이런 미세한 변화를 알아차리며 일상 속에서 작지만 분명한 행복을 발견하게 되길 바라요. 그런 작은 순간들이 쌓여가며 평범한 하루하루가 좀 더 즐겁고 소중하게 느껴지게 된다면 좋겠네요.

H. Instagram.com/kazuma_2790

The Home Where We Can Truly Be Us
우리의 선택으로 일구는 자리

문예진·김진호—Oth,

숱한 실패에도 사람은 계절과 시간을 통과하며 조금씩 단단해지는 법을 배운다.
집은 사람이 뿌리내린 땅이 되어, 삶을 다시 일으킬 수 있는 자리로 남는다. 두 사람의
오롯한 선택으로 튼튼히 다진 이 자리에서 진호와 예진은 가장 자신다워지고 있다.

에디터 황진아 포토그래퍼 최모레

이 집에 오기 전에는 집에 가기 싫어서 계속 밖으로만
돌아다녔거든요. 지금 생각해 보면 그때는 제대로 뿌리를 내리지
못했던 거겠죠. 그런데 지금은 자연스럽게 집으로 돌아오고 싶어져요.

공식 대신, 우리만의 정답으로

예진 씨는 저희와 몇 차례 함께해 주신 적이 있지요. 이번에는 '집'이라는 주제로 두 분의 이야기를 들어보고 싶었어요.
예진 한 번 찾아주신 곳에서 다시 연락을 주신다는 게 사실 쉽지 않잖아요. 그래서 '아, 우리가 그동안 잘 살아왔구나.'라는 생각이 문득 들어서 감사한 마음이 컸어요. 무엇보다 저희 가족들과 함께할 수 있다는 점에서 더 용기가 났고요.

본격적으로 이야기를 시작하기 전에 각자 편하게 소개를 부탁드릴게요.
예진 저는 브랜드 'Oth,'에서 전반적인 기획이나 방향을 잡는 일을 하고 있어요. 주로 상품 초기 단계에서 아이디어를 꺼내고 일을 벌이는 쪽에 가깝죠.
진호 저는 예진 님의 남편이고 Oth,를 함께 운영하고 있어요. 브랜드에서 판매하는 몇몇 상품은 제가 직접 제작하고, 회계나 택배처럼 실무적인 부분도 맡고 있고요.

직접 촬영한 사진으로 만든 패브릭 포스터를 시작으로 인센스와 압화 도구까지 Oth,에서 선보이는 제품들은 여러 변화를 거쳐왔죠.
예진 브랜드를 운영한 지도 벌써 6년이 됐는데요. 이렇게 오래 이어질 줄은 사실 몰랐어요. 처음에는 패브릭 포스터 하나만 단발성으로 판매하고, 다시 회사에 취직할 생각이었거든요. 그런데 예상보다 많은 관심과 사랑을 받으면서 자연스럽게 다음을 고민하게 됐어요. 여행에서 받은 인상을 담아 오감을 자극하는 인센스와 섬유 향수를 만들기도 했고요. 현재는 압화 도구를 중심으로 다양한

경험과 이야기를 보여주고 있어요. 압화는 제가 2년 정도 취미로만 즐기던 작업이었는데, 기존 도구들은 과정이 너무 번거롭더라고요. 책 위에 종이를 올리고 꽃을 얹은 뒤, 그 위에 다시 책을 20-30권씩 쌓아야 했거든요. 그래서 앉은자리에서 좀 더 편하게 할 수 있는 방법을 고민하다가, 나사를 조이면 프레스가 되는 방식의 제품을 외국에서 발견했어요. 그 구조를 참고해 브랜드에 맞게 풀어내면서, 지금의 형태로 이어지게 됐죠.

예진 씨가 "한 해를 마무리할 때 돌아보면 해마다 키워드가 있더라."라고 말씀하신 적이 있어요. 새해가 된 지금, 2025년은 두 분에게 각각 어떤 키워드로 기억될까요?
예진 저에게 2025년은 '마주 보기'였어요. 그동안 실패하거나 창피한 일을 겪으면, 조금만 더 해보면 될 텐데도 '이건 내 길이 아닌가 보다.' 하고 쉽게 돌아서곤 했거든요. 그렇게 계속 도망치듯 살아왔다는 생각이 들더라고요. 그래서 '그냥 마주 보면 어떤 일이 생길까?'라는 질문으로 연습을 시작했어요. 마주 보기에는 부정적인 감정도 포함돼요. 슬픔이나 불편한 감정도 회피하면 나중에 더 곪더라고요. 상품이 잘 안되는 순간도 있었고, 책이 나왔어야 했는데 그러지 못한 일도 있었어요. 일상의 자잘한 실패도 많았고요. 가족이자 반려견이었던 도현이의 병명을 더 일찍 알지 못했던 일도 마음에 남아 있고요. 그런 일들을 글로 쓰거나 계속 복기하면서 털어내다 보니 감정이 꽤 후련해지더라고요. 지나온 선택들을 돌아보고, 스스로를 성찰하는 데도 도움이 된 해였어요.

진호 저는 충분히 성장하지는 못한 해였어요. 대신 여러 시도를 하면서 브랜드 제품을 만드는 데 집중한 시간이었고요. 최근에는 나무뿐 아니라 3D 프린팅 같은 다양한 소재를 활용해 제품을 만들고 있는데, 콘크리트 소재도 시도해 보려고 했어요. 그런데 배합이나 온도처럼 잘 알지 못하는 요소가 많아서 몇 번 실패를 겪었죠. 경험이 부족하다 보니 시행착오도 많았고, 그 과정에서 데이터를 쌓으면서 '어떻게 하면 더 잘 만들 수 있을까?'를 계속 고민했죠. 그런 의미에서 실험과 실패가 함께한 해였어요.

예진 돌이켜보면, 저희가 계속 나무 소재만 고집하거나 제가 처음 시작한 사진 작업만으로 브랜드를 이어왔다면 지금까지 오지 못했을 것 같아요. 저희는 한 가지를 깊게 파는 장인형 브랜드라기보다는, 다양한 물성을 탐색하면서 접근하는 쪽에 더 가까워요. 그래서 앞으로도 재료와 방식에 제한을 두기보다는 계속 시도해 보려고 해요.

　　Oth,가 **"사람들이 꿈꾸는 삶에 가까워질 수 있도록 방향성을 잡아주는"** 브랜드이길 바란다고 했는데요. **두 분이 꿈꿔온 삶은 어떤 모습이었나요?**
예진 한때는 세계 일주를 하면서 여행하는 삶을 꿈꿨어요. 그런데 막상 해보니 저한테는 잘 맞지 않았어요. 저는 생각보다 '뿌리'가 중요한 사람이었던 것 같아요.

여행지에서도 뿌리를 내릴 수는 있겠지만, 저는 한국이 너무 좋고, 매일 반복되는 일상 안에서 누리는 소소한 순간들이 무엇보다 중요하더라고요. 그래서 요즘은 이렇게 생각해요. 제가 꿈꾸는 삶은 특별한 곳에 가는 삶이라기보다는, 평범한 일상을 얼마나 깊게 향유할 수 있느냐의 문제 아닐까 하고요.

　　진호 씨는 어떤 삶을 그려왔어요?
진호 어떤 도구를 쓰든, 제 손으로 직접 만들고 싶은 마음이 늘 있어요. 실용성도 있지만, 자기만족이 더 큰 것 같아요. 시중에 있는 물건보다는 조금 다르거나 제 생활에 딱 맞는 물건 만드는 걸 좋아하거든요. 예를 들면 요리할 때도 큰 도마보다 저한테 맞는 작은 도마를 직접 만들어 쓰고, 긴 형태의 액자가 예뻐 보여서 액자도 만들어 사용했어요. 언젠가는 도예도 꼭 해보고 싶고요. 필요한 것들을 직접 만들어 쓰는, 일종의 자급자족에 가까운 삶을 오래전부터 상상해 왔어요.
예진 오, 맞춤형 정장 같은 느낌인가요?
진호 맞아요. 제 필요에 맞게 만든 물건들로 생활을 꾸리는 거죠. 그러면 자연스럽게 애정도 더 생기고요.
예진 저는 늘 정형화된 방식만 떠올리는데, 진호는 동심 같은 게 있어서 그런지 비정형적이고 창의적인 물건을 잘 만들어요. 방에 있는 단추 모양 커튼 끈이나, 집 모양을 형상화한 벽걸이 행거도 그렇고요. 예전에 살던 빌라에서 영감을 받아 만든 '빌라 트롤리'라는 가구도 있어요. 지금 저희 집에서 실제로 쓰고 있는 가구 중 하나예요.

　　진호 씨와 예진 씨는 가족이지만, 동시에 함께 일하는 동료이기도 하잖아요. 서로 다른 의견은 어떻게 조율하는 편인가요?
예진 처음에는 서로 다른 면 때문에 어려움이 많았어요. '이래서 가족이랑 같이 일하지 말라고 하는구나.' 싶을 정도로, 최악 중 최악의 모습까지 서로 다 보여줬죠(웃음). 김치 취향부터 일하는 방식까지 하나하나 다 달라요. 그렇다고 서로 배척할 수는 없잖아요. 서로 다른 세계가 만나서, 각자 조금씩 배려하고 조율하면서 같이 나아가는 연습을 계속하고 있어요.
진호 제가 추진력이 부족할 때는 예진 님이 밀어주고, 예진 님이 추상적인 아이디어를 던지면 제가 그걸 실현 가능한 방향으로 구체화하는 식으로 상호 보완을 하고 있어요. 그런데 만약 한쪽 의견으로만 기울게 되면 브랜드의 방향성도 한쪽으로 치우친다고 생각하거든요. 그래서 서로 다른 의견을 분명하게 이야기하는 과정이 오히려 브랜드가 더 좋은 방향을 찾는 데 도움이 된다고 생각해요.

예진 처음 함께 일하는 사람과는 아무래도 거리가 있다
보니, 돌려 말하다가 기획 의도와는 다른 방향으로 일이
흘러간 적도 있어요. 그런데 저희는 필터링 없이 바로
이야기할 수 있으니까, 그만큼 다양한 아이디어가 나오는
장점도 있더라고요. 서로 상처받지 않고 솔직하게 말하는
경험이 쌓이면서, 그 관계가 자연스럽게 브랜드 운영에도
긍정적인 영향을 주는 것 같고요.

그나저나 두 분은 처음에 어떻게 만났어요?
예진 저희가 대학교 때 처음 만났는데요. 처음엔 서로
별로 좋아하지 않았어요. 그냥 외로워서 가까워진 것
같아요(웃음). 그때 진호는 연애 경험이 많지 않아서 좀
숙맥이었고, 저는 그 순진한 면이 좋았어요. 그래서 제가
더 적극적으로 다가갔죠.
진호 같은 과였고, 저는 복학한 상태였어요. 처음에는
"과제 같이 하자." 같은 말로 만남을 시작했는데, 취미가
잘 맞아서 자연스럽게 시간을 같이 보내게 됐어요. 지금은
안 하지만, 그땐 크루저 보드를 타면서 밤공기를 마시기도
하고, 소소한 데이트를 많이 했죠.
예진 맞아요. 그때는 돈이 많이 들지 않아도 즐길 수 있는
취미들을 자주 했어요. 저희가 지내던 청주에는 무심천이
있는데, 거기서 걷고 얘기하고, 가끔 여유가 생기면 맛있는
걸 사 먹고요. 그렇게 시간을 보내다 보니 자연스럽게
이어졌고, 어느새 함께한 지 10년이 됐네요.

현재 살고 계신 집은 두 분이 함께 구한 집이죠. 원래는
호수가 보이는 집에서 살고 싶었다고요.
예진 맞아요. 호수가 보이거나 숲속처럼 자연과 가까운
곳에서 유유자적 살고 싶었어요. 실제로 숲속 깊숙한
매물도 보러 다녔는데, 막상 들어가 보니 자신이
없더라고요. 도시 생활이 주는 편리함도 좋았고, 브랜드를
운영하려면 아무래도 서울 근처가 더 맞겠다는 판단이
들어 다시 도심으로 방향을 틀었죠.

서울에서 집을 구하는 과정은 어땠나요?
예진 발품을 정말 많이 팔았어요. 매일 시세를 확인하면서
타이밍 싸움을 해야 했고요.
진호 괜찮아 보이는 매물이 있어도, 막상 가서 창문을
열어보면 바로 옆 건물과 너무 가까운 경우가 많더라고요.
서울에서는 흔한 풍경이지만, 저희는 밀집된 환경보다는
조금이라도 여유가 있는 곳을 원했어요. 이곳 부암동은
한때 경관관리규정이 있어서 건물 높이가 지나치게
높아지지 않도록 관리되던 지역이거든요. 최근에는 규제가
많이 완화됐지만, 그 덕분에 상대적으로 프라이버시가
확보되고 조용하게 살 수 있겠다는 생각이 들었죠.
예진 집을 찾을 때 지도도 정말 많이 봤어요. 주변에
녹지나 나무가 있는지도 꼭 확인했고요. 이 집은 부동산
사이트에 내부 사진이 하나도 없고 주소만 있었는데,
와서 주변 나무를 보고 안이 궁금해져 바로 부동산에
연락했어요.

직접 내부를 보니 마음에 들었어요?
예진 사실 저는 반대했어요. 막상 집에 들어와 보니
생각보다 층고도 낮고, 이전에 아이를 키우던 집이라 짐도
많아 집이 선명하게 그려지지 않더라고요. '이 정도면
다른 좋은 조건의 집도 더 있지 않을까?' 싶었어요. 그런데
진호가 그러더라고요. "조금만 기다려봐. 여긴 다를 거야.
나를 믿어봐." 평소에는 제 의견에 대부분 맞춰주고 응원해
주는 편인데, 그때는 처음으로 자기를 믿어보라고 하니까
오히려 신뢰가 갔어요.
진호 아파트와 달리 빌라는 구조가 조금 독특한 경우가
많잖아요. 저희 집도 마찬가지였어요. 이 빌라의 복도형
구조라든지, 공간이 분리돼 있는 점을 보고 내부를 조금만
손보면 충분히 좋은 집이 되겠다고 생각했어요.
예진 저는 계약할 때까지도 이 집이 어떻게 변하게 될지
그림이 잘 안 그려졌거든요. 그런데 그게 제 편견
이었더라고요. 진호는 이미 인테리어가 끝난 모습까지
내다보고 있었던 것 같아요. 당시에는 이전에 살던 분들이
방을 거의 창고처럼 쓰고 있어서, 지금처럼 바깥 풍경이
있다는 것도 몰랐어요.

진호 집을 구하는 데만 8개월에서 1년 정도 걸렸어요. 그때는 전셋집에 살고 있었고 Oth,를 막 시작한 시기였거든요. 코로나 시기와 맞물리면서 브랜드가 예상보다 큰 사랑을 받았고, 덕분에 작은 자금이 생겼어요. 마침 대출도 가능해지면서, 오래 살 집이라는 전제로 투자를 해 매매를 결정하게 됐죠. 장기적으로 안정감을 갖고 싶다는 마음도 컸고요.

집이 주는 안정감을 요즘 체감하세요?
예진 네, 우선 벽을 자유롭게 뚫을 수 있고요(웃음). 집 벽이 저의 도화지가 된 거니까 이사 오자마자 이곳저곳 다 뚫어버렸어요. 이제 이곳에 제가 뿌리를 내렸다는 느낌이 들더라고요. 이 집에 오기 전에는 집에 가기 싫어서 계속 밖으로만 돌아다녔거든요. 지금 생각해 보면 그때는 제대로 뿌리를 내리지 못했던 거겠죠. 그런데 지금은 자연스럽게 집으로 돌아오고 싶어져요. 집에 오면 치유를 받는 느낌도 있고요.
진호 전세로 살 때는 계약이 늘 마음에 걸리잖아요.

보통 2년마다 한 번씩은 이사를 고민해야 하고, 집주인 사정으로 갑자기 집을 비워줘야 했던 경우를 주변에서 많이 봤고요. 그런 불안감에서 벗어났다는 점이 커요. 물론 지금은 대출을 받아 산 집이라 그걸 갚아야 한다는 또 다른 불안도 있죠. 그래도 전보다 훨씬 안정감을 느끼는 건 분명해요.
예진 짐이 늘어나는 게 더 이상 두렵지 않다는 것도 큰 변화예요. 이사할 때마다 비용 부담이 있다 보니 예전에는 큰 가구를 들이거나 만드는 건 엄두도 못 냈거든요. 취미 생활에 필요한 물건이나 책도 마찬가지였고요. 언젠가 떠날 곳이라고 생각하면 물건 하나를 들일 때도 늘 망설이게 되잖아요. 지금은 오히려 쌓아두는 게 제가 걸어온 궤적처럼 느껴져요.
진호 저는 집 안에서도 특히 주방에 있을 때 가장 편안해요. 원래 무언가를 만들 때 제 생활에 맞게 손보는 걸 좋아하는데, 주방에서 보내는 시간이 많다 보니 자연스럽게 그 공간이 저를 안정시켜 주는 장소가 됐어요.

요즘에는 집이 밭 같다는 생각을 많이 해요. 밭이 있어야 식물이 뿌리를 내리듯,
집도 제 삶이 자리 잡을 수 있는 기반이 되어준다고 느껴요.

무엇이든 자라나는 집

진호 씨가 요리를 좋아하시나 봐요.
진호 네, 주로 제가 요리를 해요. 이전 집들에서는 이런
생각을 해본 적이 없는데, 이 집에서는 주방이 완전히
저만의 공간이 됐어요. 부엌에 창이 있어서 창밖으로 눈이
내리는 모습도 보이고, 여름에는 작은 풀들이 자라는 게
보여요. 그 풍경을 보면서 오롯이 혼자만의 시간을 보내게
되더라고요. 칼질하는 소리, 물 끓는 소리처럼 요리하는
소리만 들리고요.
예진 옆에서 보고 있으면 진호만의 명상 같기도 하고,
이 집에서만 가능한 개인적인 창작 시간처럼 느껴져요.
자신만의 창작 욕구를 요리로 푸는 것 같달까요. 무엇보다
누군가의 평가를 받거나 판매를 해야 하는 목적이
아니잖아요. 그래서 더 자유롭게 무언가를 표출하는
느낌이 들어요.
진호 맞아요. 온전히 저 혼자만의 만족을 위한 시간이어서
오히려 더 부담 없이 즐길 수 있어요.
예진 진호가 안정감을 찾는 장소가 주방이랑
화장실이거든요.

화장실은 왜요?
진호 예진 님 시야에서 벗어날 수 있는 공간이라서….
예진 하하. 들어가면 잘 안 나오더라고요. 저는 함께하고
싶은 마음이 커서 귀찮게도 굴고 장난도 많이 치거든요.
자기만의 시간도 있어야 하니 화장실로 많이 도망가는 것
같아요.
진호 싫은 건 절대 아니에요(웃음).

**주방과 화장실이 진호 씨만의 동굴이군요(웃음). 때로는
귀찮기도 하지만 함께여서 좋은 점도 있지요?**
진호 혼자 살 때는 저만 챙기면 되잖아요. 귀찮으면
안 해도 되고, 모든 걸 제 기준으로 결정할 수 있고요.

집안일도 마찬가지예요. 혼자일 때는 미뤄도 되는 일들이
같이 살면 상대방의 불편함과 바로 연결되니까 신경을
쓰게 되죠. 그런데 그렇게 누군가를 챙기다 보니, 오히려
거기서 의욕이 생기더라고요. 혼자 있으면 대충 먹거나
아예 안 챙겨 먹을 때도 많은데, 예진 님이랑 있으면
뭐라도 해주고 싶어서 음식도 더 하게 돼요.
예진 저는 실험 대상이에요. 제가 원하는 건 잘 안 해줘요
(웃음). 그런데 저도 진호랑 함께 있으면 편안해서 그런지
평소보다 더 잘 먹게 되더라고요.

아까 집을 둘러보니 방에 문이 없는 곳도 있더라고요.
예진 원래 이 집에 방이 너무 많았어요. 오히려 그게
골칫거리였죠. 벽을 허물고 주방을 넓게 쓰고 싶었는데
건축법상 어렵다고 해서 허용되는 선까지 최대한
열었어요. 개방감을 주는 방향으로요. 문이 많으면 좁은
공간이 더 답답해 보이더라고요. 그래서 과감하게 문을
빼고 공간을 서로 이어주기로 했어요.

의도적으로 '닫히지 않는 집'을 만든 셈이네요.
진호 가끔 문이 있으면 좋겠다는 생각도 하는데….
예진 맞아요. 맨날 싸우거든요. 하하.
진호 가끔은 분리될 필요도 있잖아요. 도망가고 싶은
순간이 있는데, 문이 없으니까 금방 다시 마주치게
돼요(웃음).
예진 그래서 아무리 싸워도 냉전이 오래가지 않아요.
의도한 건 아니었는데, 집 구조가 그런 역할을 하더라고요.

**이 집에서 지낸 지 4년 정도 됐다고 하셨죠? 거실 통창
밖으로 보이는 큰 나무 덕분에 계절의 변화가 선명하게
느껴질 것 같아요.**
예진 이 집은 원래 아파트처럼 거실 앞에 베란다 공간이

있었어요. 저희는 그 공간을 허물고 확장해서, 창도
통창으로 다시 냈죠. 그렇게 바꾸고 나니까 계절을 감각할
수 있다는 게 큰 장점이에요. 원룸에 살던 시절에는 창
바로 앞에 빌라가 붙어 있어서 풍경이라는 게 없었거든요.
창을 열면 늘 담배 냄새가 들어왔고요. 회사를 다닐 때도
계절이 어떻게 바뀌는지 거의 느끼지 못한 채 지냈어요.
그런데 이 집은, 설령 보기 싫은 날이라도 눈앞에 나무가
있어요. 계절의 변화를 자연스럽게 마주하게 되죠. 그런
환경 덕분에 삶을 더 깊이 향유하게 됐어요.

**계절을 감각하며 지내는 일이 일상에 또 어떤 변화를
줬나요?**
예진 시간이 흐르고 있다는 걸 몸으로 느낄 수 있어서
좋아요. 멈춰 있는 느낌이 아니라, 내가 계속 앞으로
나아가고 있다는 감각이 생기거든요. 예전에는
막혀서 고여 있는 물 같았다면, 지금은 흐르는 물이 된
기분이에요.
진호 회사에 다닐 때는 하루 종일 실내에 있다 보니 밖에
비가 오거나, 날씨가 많이 덥거나 추워도 크게 와닿지
않았어요. 퇴근할 때 돼서야 "아, 오늘 비가 왔구나." 하고
알게 되는 정도였죠. 변화가 눈에 보이지 않으니 시간의
흐름도 잘 느끼지 못한 채 지나가더라고요. 지금은 창밖
풍경이 계속 달라지니까, 계절이 지나가고 시간이 쌓이고
있다는 걸 자연스럽게 인식하게 돼요.
예진 그리고 겨울에만 누릴 수 있는 특권도 있어요. 새들이
찾아오거든요. 숨을 곳이 많지 않다 보니 나무에 앉아
자기들끼리 소통하는 모습이 잘 보여요. 가끔 망원경으로
바라보기도 하고, 집에 있는 새 도감 책을 펼쳐 놓고 "무슨
새일까?" 맞혀보는 재미도 있어요. 그런 소소한 순간들이
이 집에서만 가능한 즐거움이에요.

창밖 풍경이 아까워서 손님들을 초대하기도 한다면서요.
예진 맞아요. 창밖에 있는 나무가 은행나무거든요. 가을이
되면 미리 스케줄을 짜요. 그 시기가 워낙 짧잖아요. 빛이
일렁이고 노란 잎 덕분에 공간 전체가 환해지는 순간이요.
혼자 보기엔 아깝다는 생각이 들 때가 있어요. 그래서
사람들을 초대하게 돼요. 좋은 걸 혼자만 간직하기보다
같이 나누고 싶다는 마음이 점점 커지더라고요. 다만
그게 단순한 자랑처럼 보이지는 않았으면 해서, 풍경만
보여주기보다는 분명한 이유를 만들어 초대하려고 해요.
예를 들면 식사를 대접하거나, 책을 함께 읽는 모임처럼
목적이 있는 만남으로요.

**집 주변 환경은 어때요? 부암동이라는 동네는 참 편안해
보여요. 많이 소란스럽지도 않고요.**

예진 맞아요. 인왕산도 가깝고 집 뒤쪽으로도 산이 있어서
산책하고 싶을 때마다 코스를 만들어 걸을 수 있어요.
그게 생각보다 큰 힘이 되더라고요. 반려동물과 함께 사는
사람들이 많다 보니, 일부러 애쓰지 않아도 오며 가며
인사하게 되는 정도의 자연스러운 교류가 있고요.
그 거리감이 참 좋아요. 동네가 번잡스럽지 않은 점도
마음에 들고요. 물론 불편한 점도 많아요. 마트나 약국
같은 편의 시설이 거의 없고, 언덕도 많죠. 여가 공간은
있지만 생활 시설은 부족한 편이에요. 그래도 그 정도는
감수할 수 있어요. 내려가면 서촌에 시장도 있고요.
왜 산꼭대기에 사냐고 묻는 분들도 있는데, 그건 인식의
차이인 것 같아요. 저희한테는 이 생활이 잘 맞거든요.

진호 저에게 부암동 첫 기억은 예전에 서울에서
데이트하던 날이에요. 예진 님이 부암동에 가보자고 해서
버스를 타고 산길을 올라왔는데, 그때는 정말 생소했어요.
'이 버스를 타고 어디까지 가는 거지?' 싶은 느낌이었죠.
조금만 올라왔을 뿐인데 갑자기 서울이 아닌 다른 세계에
들어온 것 같았어요. 그날 '부암와플'이라는 곳에서 와플을
먹었는데, 그 가게 사장님이 아직도 계세요. 이 근처에서
오래 사셨던 동네 토박이시거든요. 지금은 이사를
가셨지만 종종 마주치면 인사를 나누는 사이였어요.
그렇게 관계가 이어진 것도 신기했고요. 시간이 흘러 다시
이 동네로 돌아와 살게 되니, 그 연결감이 더 또렷하게
느껴지더라고요. 서울에서는 좀처럼 느끼기 어려운
감각인데 부암동에서는 처음으로 그걸 실감했어요.

　**두 분이 선택한 또 다른 가족이 있죠. 반려견 버들이와
도현 그리고 반려묘 밍고 이야기도 듣고 싶어요.**
예진 아이들과 함께 살면서 삶이 훨씬 다채로워졌어요.
'공동체'라는 게 이런 거구나, 함께 산다는 건 이런
느낌이구나, 조금씩 배워가는 중이에요. 너무 힘들어서
무너질 것 같을 때도, 이 친구들이 있으니까 완전히
쓰러지지는 않게 되더라고요. 상처받고 지친 순간에도
붙잡아주는 존재가 있다는 느낌, 그게 연대인 것 같아요.
제 가족과 함께 살면서도 느껴보지 못한 감정인데,
이 친구들을 통해 처음 알게 됐어요. 또 하나 크게
달라진 건 책임감이에요. 얘네들을 지키기 위해서, 지금
하는 브랜드 일이 잘 안되면 어떤 다른 일을 해서라도
책임져야겠다는 마음이 들었어요. 저는 자존심을 중요하게
여기는 편인데, 이 아이들 앞에서는 그 자존심이 없어도
괜찮더라고요.
진호 밍고는 제가 혼자만의 시간에 너무 빠지지 않게
해주는 존재예요. 늘 곁에 와서 같이 자고, 만져달라고
하죠. 지금은 무지개다리를 건넌 도현이의 주 보호자는
예진 님이었고, 현재 버들이의 주 보호자는 저인데요.

새로운 생명과 함께 산다는 건 결국 책임을 선택하는
일이잖아요. 그래서 처음에는 그 무게가 크게 느껴져
쉽게 결정하지 못했어요. 그런데 막상 같이 살아보니,
예전에는 싫어하거나 귀찮게 느끼던 일들도 '그래도
얘를 위해서라면 해야지.'라는 생각이 먼저 들더라고요.
버들이는 산책을 매일 짧게라도 나가야 하니까, 귀찮을
새도 없이 바로 나가서 한 바퀴 돌고 와요.
예진 이건 사랑 없이는 할 수 없는 행위잖아요. 아이들과
함께 살면서 사랑을 주고받는다는 게 무엇인지 다시
배우는 느낌이었어요. 그래서 저는 이 친구들을
선생님이라고 부르거든요. 도현이는 헌신을, 밍고는
평온함을, 버들이는 조건 없는 사랑을 가르쳐줬다고
생각해요.

　아이들은 이 집에서 하루를 어떻게 보내요?
예진 밍고는 캣타워나 해먹 같은 걸 설치해 줘도 거의 쓰질
않아요. 대신 집 안을 옮겨 다니며 자기만의 놀이터를
만들어요. 책이 있던 선반에서 책을 빼고 담요를 깔아주면
거기서 쉬고, 폭신한 털이 들어 있는 서랍을 열어주면 쏙
들어가 있기도 하고요. 그런 모습을 보면, 밍고는 기능이
많은 물건보다 집이라는 공간 자체를 자기 방식으로 잘
쓰고 있다는 느낌이 들어요.
진호 버들이는 아침마다 꼭 하는 루틴이 있는데,
일어나자마자 소파로 터벅터벅 걸어가 앉아요. 일출
무렵이라 창밖의 새들을 보고, 햇빛을 받으면서 한참을
가만히 있어요. 마치 하루를 시작하기 전에 태양의 기운을
받는 것처럼요.

　집은 두 분에게 어떤 공간인가요?
예진 요즘에는 집이 밭 같다는 생각을 많이 해요. 제가
씨앗을 뿌리는 사람이고, 무엇을 심든 일단은 뭔가가
자라나는 공간이요. 결과가 어떻든 실험해 볼 수 있는
장소랄까요. 밭이 있어야 식물이 뿌리를 내리듯, 집도
제 삶이 자리 잡을 수 있는 기반이 되어준다고 느껴요.
진호 저는 동굴이라고 생각해요. 눈치 보지 않고, 제 삶의
리듬에 맞춰 내가 하고 싶은 걸 할 수 있는 공간이죠.
예진 이 말에 너무 공감해요. 사람이 살면서 각자만의
동굴이 꼭 필요하다고 생각해요. 계속 바깥에만 있으면
가면을 쓰고 사는 느낌이 들잖아요. 때로는 자기
자신에게도 솔직하지 못해지고요. 그런데 동굴 안에서는
그럴 필요가 없어요. 꾸미지 않아도 되고, 있는 그대로의
나로 있어도 되는 공간이니까요.

진호와 예진의 계절

예진의 목소리로 담은 부암동 집의 사계절.

봄

겨우내 굳게 닫아둔 창문을 열면, 따뜻한 봄바람이 얼굴을
간지럽혀요. 느리지만 꾸준히 새순이 피어나는 모습을
매일 바라보며 감탄하는 것이 저희의 일상입니다. 매서운
겨울의 칼바람을 견딘 초록 잎들은 제 가난했던 마음을
따뜻하게 보듬어주고, 그 긍정적인 기운이 저희 집에도
스며드는 것 같아요.

여름

여름이 오면 나뭇잎이 빼곡해 세상과 단절된 기분이
들어요. 태풍과 폭우에도 뿌리와 잎은 굳건히 자리를
지키고, 여름날의 집은 저희의 안락한 동굴이 되어요.
이 집에서 네 번째 여름을 맞으며 느낀 건, 집이 우리와
함께 나이 먹는 과정을 지켜보는 것이 이토록 애틋한
일이었다는 것이에요. 태생이 변덕스러운 저는
한 공간에서만 사는 것을 답답하고 지겨워했는데,
그러지 않는 이유는 사계절마다 변하는 풍경과 저희가
만든 분신들이 이 집에 뿌리를 내리며 우리만의 이야기로
쌓여가기 때문일 겁니다.

가을

겨울

저희 집 앞 나무는 키가 큰 은행나무예요. 사계절 내내 씩씩하게 자태를 뽐내지만, 내년을 기약하며 모든 잎을 떨구기 전, 병아리처럼 귀여운 샛노란 옷으로 갈아입는 이 시기가 특히 아름다워요. 아침 햇살을 가득 받은 나무는 살랑이는 바람에 잎을 부대끼며 춤추고, 그 사이로 스며드는 빛이 집 안으로 흘러 들어와요. 저는 일렁이는 빛을 따라 시선을 옮기며, 사람보다 먼저 겨울을 준비하는 생명들 속에서 세상의 모든 욕심이 사라지는 듯한 기분을 느낀답니다.

눈 오는 풍경을 집 안에서 바라보면, 돈 한 푼 들이지 않고 매일 여러 나라를 여행하는 기분이 들어요. 잎은 모두 떨어졌지만, 오히려 아쉽지 않아요. 겨울은 이곳에 찾아오는 새들을 선명하게 관찰할 수 있는 유일한 계절이기 때문이에요. 오늘도 집 앞에 찾아온 반가운 손님들을 바라보며 조용히 인사를 건넵니다.

The Moments We Were Connected
잠시 연결되어 나란했던 시간들

에그 2호―스탠딩 에그

에그 2호와의 대화에서 자주 오간 단어는 '연결'이었다. 각자의 속도로 살아오던 이들이 하나의 음악으로 같은 리듬에 올라서는 순간, 전혀 다른 두 사람이 같은 건축가의 이름 앞에서 시선이 겹치는 시간처럼. 그의 이야기에는 누군가와 서로 다른 방향으로 걷다가 잠시 나란해졌던 흔적들이 곳곳에 남아 있었다.

에디터 황진아　포토그래퍼 최모레

음악으로 포개어진 얼굴들

어느 집 방 안에서, 옆에 있는 누군가가 노래를 부를 때
그 감각을 떠올렸어요. 그 감각이 오히려 사람들을 더 가깝게
연결해 줄 수 있지 않을까 생각했고요.

**최근 차례로 [무해] 시리즈 앨범을 발매하셨어요. 스탠딩
에그가 말하는 무해함이란 무엇인가요?**
이 작업은 저희가 늘 해오는 음악의 연장선이에요.
이전에 [무해]를 발표하고 나서 가장 많이 했던 고민이,
'왜 어떤 사람들은 우리 음악을 좋아하고, 또 어떤
사람들은 재미없다고 느낄까?'였거든요. 곰곰이 생각해
보니 그 이유가 바로 '무해함', 즉 심심함에 있었던 것
같아요. 좋아해 주시는 분들은 그 점을 좋게 봐주셨지만,
반대로 한 번에 확 와닿지 않는다는 이유로 어렵게 느끼는
분들도 있었고요. 음악을 직업으로 삼고 있으니 고민이
생길 수밖에 없죠. 이 심심함에 뭔가를 더해야 하나,
요즘 방식의 양념을 조금은 섞어야 하나, 싶었는데요.
그러다 오히려 반대로 가보고 싶다는 마음이 들었어요.
처음 시작했을 때보다 더 본질적인 쪽으로 음악을 해보면
어떨까 하고요.

**그 뒤로 발매한 앨범이 [무해 pt. 2 : Home
Session]이죠? 이 집에서 녹음을 하셨다고요.**
맞아요. 이번에는 녹음실이라는 환경에서 벗어나 집에서
해보고 싶었어요. 저는 평소에 생활을 꽤 계획적으로
통제하는 편인데, 일부러 그 틀을 벗어나서 변수나 오류
같은 것들도 음악 안에 담고 싶더라고요. 양념이라는
개념조차 없던 시절에 사람들이 음악을 만들던 방식으로
우리 이야기를 해보면 더 무해한 음악이 될 것 같았어요.
개인적으로 그런 음악을 좋아하기도 하고, 만들고 싶다는
갈증도 있었고요. 또 한편으로는, 세상이 점점 더 화려하고
빠르게 변할수록 그 반대편을 원하는 사람들이 분명히
늘어나고 있다는 점도 느꼈어요. 꼭 트렌드를 좇기보다는,
내가 정말 좋아하고 맞다고 생각하는 방향으로 가보는
것이 오히려 많은 사람들과 닿을 수 있겠다는 생각이
들었죠. 대중음악은 결국 혼자만의 음악이 아니라,

듣는 사람들과의 접점을 찾는 작업이라고 생각해요. 이번 시도에서는 그 접점이 이 방향에서도 한 번쯤은 만들어질 수 있지 않을까 하는 마음으로 작업했어요.

작업 과정은 어땠어요? 몇 분 만에 스르륵 쓴 곡도 있다고 하시던데요.
가장 편한 집이라는 장소에서, 최소한의 방식으로 시작했어요. 후반 작업도 거의 하지 않았고요. 딱히 편곡이라고 할 것도 없이 제가 곡을 쓰고, 옆에서 가사를 같이 쓰는 친구랑 이야기 나누고, 기타 치는 친구가 바로 소리를 내보는 식이었죠. 예전 방식으로 말하면 스케치에 가까운 작업이었어요. 음악을 만드는 사람이라면 다 공감하겠지만, 저는 스케치할 때 감각이 정말 좋거든요.

1. [무해 pt.2 Home Session](2025)
2. [무해](2024)

어떤 느낌 때문에요?
내 머릿속에만 있었고, 이 세상에 아직 한 번도 존재하지 않았던 무언가가 처음 소리로 나오는 순간이잖아요. 아직 드럼도 없고, 편곡도 없고, 아무것도 정해지지 않은 상태에서 어떤 악기와의 앙상블이 딱 일어날 때가 있어요. 그 순간은 곡이 어떻게 확장될지, 어떤 사운드가 더해질지 무한한 가능성이 열려 있는 상태고요. 저는 그 순간의 쾌감이, 이후에 완성해 가면서 느끼는 만족감보다 더 크게 다가와요.

스케치와 최종 결과물 사이에는 어떤 차이가 생기나요?
잘 완성된 곡은 대개 처음 상상하던 것과는 조금 다른 모습이 돼요. 그게 좋고 나쁨의 문제는 아니고요. 마치 좋은 가구를 만들기 위해 나무를 스케치해서 만들어도, 실제 나무의 결은 내가 머릿속으로 그리던 것과 다르고, 아무리 정교하게 잘라도 오차는 생기듯이요. 물론 그 차이 속에서 내가 미처 예상하지 못했던 또 다른 아름다움이 생기기도 해요. 하지만 이번 작업에서는 그 과정을 거의 건너뛰고, 우리가 처음 만나서 같은 공간에서 소리를 냈을 때 '아, 이거야!' 하고 서로 교감하는 그 순간을 담아보고 싶었어요. 편안한 집의 방에서 뮤지션이 연주하는 걸 듣는 기분을 느껴본 지가 너무 오래됐잖아요. 사실 저희 음악은 원래 그쪽에 더 가깝기도 하고요.

스탠딩 에그로 활동하신 지 15년이 넘었는데요. 그동안의 청취 환경은 어떻게 달라졌다고 느끼세요?
큰 흐름으로 보면, 1990년대부터 2000년대까지는 음악을 '내가 원하는 감정을 대신 표현해 주는 존재'로 소비했어요. 뮤지션을 볼 때 내가 표현하지 못하는 감정을 대신 말해주는 사람, 감성적으로 나와 비슷하지만 나보다 깊이 있는 누군가를 동경하는 마음이 있었죠. 아직 내가 겪어보지 못한 이별이나 사랑 이야기를 음악으로 미리 경험하면서, '나라면 이런 감정을 느끼겠구나.' 하고 상상해 보곤 했어요. 그래서 음악 감상은 책 읽기와 비슷한 대리 경험이었고, 뮤지션과 정서적으로 친구가 되는 느낌에 가까웠어요. 당시에는 청취 환경도 굉장히 개인적이었죠. 워크맨, CD 플레이어, MP3 플레이어로 혼자 음악을 듣고 정말 가까운 누군가에게만 "이 노래 너도 좋아할 것 같아." 하고 추천하곤 했어요. 같은 동네에 살고, 같은 학교, 같은 반에 다니면서 꼭 마음이 완전히 맞지 않아도 관계를 맺어야 했던 시절이었고, 그래서 만들어진 연결은 더 소중하게 느껴졌던 것 같아요.

좀 더 세심하게 서로의 연결점을 찾는 시대였다는 말씀이군요. 상대와 나의 공통점도 무엇일지 살피고요.
맞아요. 지금은 내가 좋아하는 무언가를 검색하면, 같은 취향을 가진 사람을 바로 만날 수 있는 시대가 됐잖아요. 선택해서 커뮤니티를 만들 수 있고, 힘들게 관계를 찾지 않아도 되니 연결 방식이 조금은 가벼워졌죠. 힘들게 찾은 관계가 아니니까, 무언가를 공유하는 방식도 조금은 피상적으로 바뀌었고, 커다란 연결 안에서 함께 있다가 마음이 맞지 않으면 다른 선택지로 넘어가는 것도 자연스러워졌어요. 이건 좋고 나쁨의 문제라기보다, 분명히 달라진 지점이라고 생각해요. 사람을 만날 수 있는 폭이 넓어지면서 음악도 더 이상 혼자만의 것이 아니라, 누군가와 바로 공유할 수 있는 것이 되었고요. 댓글로 이야기하고, 실시간으로 소통하는 방식으로 변해왔죠. 생각해 보면 듣는 사람으로서는 음악 자체보다, 음악이라는 매개를 통해 누군가와 연결되고 싶다는 마음이 더 중요했던 건 아닐까 싶어요. 여전히 사람들은

연결을 갈구하고 있지만, 그 방식이 달라졌을 뿐이라는
생각이 들고요. 그 시절에는 연결된 친구가 없을 때 음악을
만드는 뮤지션이 더 특별하게 느껴졌고, 나와 연결된
친구 같은 존재였으니까요. 예전 방식의 연결을 여전히
원하는 사람들도 분명히 있겠지만, 지금은 그 방식이 훨씬
다양해졌고, 뮤지션들 역시 새로운 방법으로 고민해야
하는 시대가 된 것 같아요.

**이러한 연결 방식의 변화 속에서 스탠딩 에그는 어떤
고민을 하고 있나요?**
요즘은 시 단위나 정부 차원의 문화 행사에도 참여할
일이 있어서, 전혀 접점이 없을 것 같은 사람들을 만날
때가 많아요. 어떤 자리에서는 스님들을 만나기도 하고,
또 어떤 곳에서는 남녀노소가 섞인 관객을 마주하기도
하죠. 예전에는 그런 자리에서 굳이 접점을 찾으려 하지
않았어요. 이미 제 음악을 이해해 줄 것 같은 사람들,
팬이라고 말할 수 있는 분들과 함께 음악을 나누는
것으로 충분했으니까요. 그런데 이제는 그런 사람들과도
연결되는 느낌을 갖고 싶다는 생각이 들어요. 그 공간에
있는 사람들이 내가 누군지 모르고, 왜 여기에 앉았는지도
잘 모른 채 있어도, 음악이 줄 수 있는 무언가는 분명히
있다는 걸 느꼈거든요. 그래서 어떤 노래를 하고, 어떤
방식으로 다가가야 할지 고민이 많아졌죠. 집에서 음악을
녹음한 방식도 비슷한 맥락이에요. 어느 집 방 안에서,
옆에 있는 누군가가 노래를 부를 때 그 감각을 떠올렸어요.
그 감각이 오히려 사람들을 더 가깝게 연결해 줄 수 있지
않을까 생각했고요. 마치 이 사람의 집 안에 내가 초대된
느낌, 혹은 내 방 안에 이 사람이 와 있는 느낌 같은 경험을
담고 싶었던 거예요.

**아까 어린 시절 이야기도 잠깐 해주셨어요. 스스로 '헤비
리스너'라고 할 만큼 음악에 파묻혀 지냈다고 하던데 학창
시절에는 어떤 모습이었어요?**
중학교 시절은 정말 외로운 시기였어요. 감수성이 가장
예민한 때였고, 그만큼 상처도 많이 받았죠. 왜 나처럼
생각해 주는 사람이 없을까, 왜 나랑 비슷하게 느끼는
사람은 이렇게 드물까 하는 생각을 자주 했어요. 저는 남자
중학교를 나왔는데, 제가 하는 말이나 생각이 웃음거리가
되기도 했고, 어느 순간부터는 무리 안에서 약한 존재처럼
느껴졌어요. 그래서 아닌 척도 해보고, 억지로 친구들과
어울려보기도 했지만 그 안에서는 아무것도 채워지지
않았죠. 저는 굉장히 소심하고 섬세한, 흔히 말하는
'남자답지 못한' 사람이었어요. 그런 제가 학창 시절 정말
좋아했던 뮤지션이 마이클 잭슨이었어요.

왜 그가 좋았어요?
처음엔 그 사람이 남자인지 여자인지, 백인인지
흑인인지 헷갈릴 정도로 여리고 가냘파 보이는데, 무대
위에서 노래하고 춤출 때 그 몸으로 엄청난 에너지를
쏟아내잖아요. 지금 기준으로 보면 춤의 테크닉은
단순할 수도 있지만, 그 안에 있는 원초적인 힘이 완전히
달랐어요. 온몸이 부서질 것처럼 춤추고, 폭발적으로
노래하는 그 모습에 공감했던 것 같아요. 이 사람도 여리고
상처받은 면이 있을 것 같은데, 그걸 이렇게 표현하는구나
싶었죠. 정말 친구를 만난 것 같은 느낌이었어요. 음악이
자기 자신을 표현하는 방식이 될 수 있다는 걸 알게 되었고
누군가는 분명히 공감해 준다는 것도 느꼈죠. 그렇다고
그때부터 음악을 해야겠다고 결심한 건 아니었어요.
듣기만 하면서 '나도 저랬으면 좋겠다.'고 생각했던 거죠.

그다음엔 어떤 식으로 음악과 더 가까워졌어요?
자연스럽게 음악을 더 많이 듣게 됐어요. 또 저마다 다른
표현 방식을 가진 뮤지션들을 계속 발견하게 됐고요.
이 사람은 이런 식으로 자기를 드러내고, 저 사람은 또
다른 방식으로 표현하는구나 하면서요. 그러다 나랑
비슷한 누군가를 실제로 한두 명 만나게 되면, 자연스럽게
음악 이야기를 나누게 되잖아요. "나는 이 뮤지션을
좋아하는데, 너도 한번 들어볼래?" 이런 대화를 하다
보면 또 하나의 세계가 열리는 느낌이었어요. 그 접점을
더 많이 만들고 싶어졌고, 그래서 더 많이 듣고, 더 많이
알고 싶어졌어요. 그렇게 헤비 리스너가 된 거죠. 그러다
고등학생 때 전교생이 모인 무대에서 우연히 노래할
기회가 생겼어요. 당시 사람들 표정이 아직도 기억나요.
'노래 잘한다'는 반응도 있었지만, 그것보단 내가
표현하고자 했던 무언가가 누군가에게 전달됐다는 느낌을
처음으로 받았어요. 그 경험이 너무 좋았어요.

**말씀을 듣다 보니까 '연결'이라는 키워드로 이어지는
것 같아요. 동경하는 뮤지션과의 연결, 나와 비슷한
감수성을 가진 한두 명 친구들과의 연결, 그리고 무대
위에서 노래했을 때 관객과 느낀 연결까지요. 지금까지
해주신 이야기들이 결국은 그런 '연결의 순간들'을 지나온
과정처럼 느껴져요.**
요즘은 음악도 알고리즘이 추천해 주잖아요. 그런데
추천을 받다 보면, 왜 이 음악을 추천하는지는 알 수가
없어요. '네가 좋아할 것 같은 음악'이라고 하는데, 사실
저는 그걸 원했던 건 아니거든요. 제가 궁금한 건 나와
비슷한 누군가가 어떤 음악을 듣는지였고, 그 음악을
두고 함께 이야기하고 연결되는 경험이었어요. 어느 순간
의문이 들더라고요. 과연 이 추천이 정말 내가 좋아하는

걸까, 아니면 내가 좋아해야 한다고 제시된 걸까 하고요.
비즈니스의 관점으로 보면, 특정 플랫폼이 '이 콘텐츠를
밀자'고 정하고 수많은 사람들에게 '당신은 이 음악을
좋아할 거다'라고 말하는 것도 가능한 구조잖아요. 우리는
지금 가상의 알고리즘 때문에 오히려 그런 연결에서
멀어지고 있는 건 아닐까 하는 생각도 들어요.

**에그 2호 님이 음악 잡지《BGM》과 음악 리뷰 신문
《BGM POST》를 만들고 계신 것도, 또 다른 접점을 찾기
위한 이유라고 볼 수 있을까요?**
네. 저는 음악과 마찬가지로 텍스트에도 애정이 큰데요.
글은 쓰는 사람이 많은 시간을 들여야 하잖아요. 그리고
그 시간을 감지하려고 노력하는 사람만이 그 글과 제대로
만날 수 있다고 생각해요. 이 사람이 도대체 무슨 말을
하고 싶은지 깊이 생각하면서 읽게 되고, 잘 이해가
안 되면 덮어두고 기다리기도 하고, 좋다고 느껴지는
문장이 있으면 밑줄을 긋기도 하면서요. 그렇게 시간을
들이다 보면, 글 안에서 이 사람과 나 사이에 어떤 관계가
천천히 형성되는 느낌이 들어요. 좀 더 아날로그한 방식,
일종의 불편함이라고 할 수도 있을 텐데요. 내가 접점을
찾기 위해서 조금은 노력해야 하고, 그렇게 애써서 닿았을
때 비로소 생기는 연결. 그런 것들에 대해 계속 생각하게
됐어요.

**《BGM POST》의 메인 콘텐츠는 앨범 리뷰 코너죠.
가명의 사람들이 가감 없이 음악에 대한 감상을
남겼더라고요.**
맞아요. 한 호에 서른 장 안팎의 앨범을 다뤄요. 대부분
국내 매체에서는 거의 리뷰되지 않는 음반들이에요.
누군가는 꼭 주목해 줬으면 하는 음악들, 해외에서는 의미
있게 다뤄지지만 한국까지는 잘 전달되지 않는 것들을
소개하고 싶었어요. 음악 평론가나 몇몇 전문가의 칼럼도
있지만, 나머지는 정말 평범한 사람들이 제가 선별한
음악을 듣고 느낀 반응을 거의 그대로 실어요. 어떤 사람은
"너무 지루해요."라고 말하고, 어떤 사람은 "이상하다."고
하고, 또 누군가는 제가 이 음악이 좋았던 아주 미묘한
지점을 정확하게 짚어내기도 하거든요. 그렇게 의견이
갈리는 모습이 재미있어요. 리뷰를 읽다 보면 '이 사람은
나랑 감각이 비슷하네.' 하고 느껴지는 순간이 생길
테고, 자연스럽게 그 사람이 좋아하는 다른 음악도
궁금해지잖아요. 저는 수익 구조를 만드는 것보다는,
이렇게 음악을 매개로 연결되고 싶어 하는 사람들이
조금씩 늘어나는 걸 더 중요하게 생각해요. 그 영향이 아주
느리게, 단계적으로 확장되더라고요. 저는 그런 방식의
연결을 계속 시도하고 싶어요.

집으로 매듭진 우리의 순간들

나만의 삶의 방식이 있고, 분명히 원하는 것이 있다면
거기에 맞는 집을 고르는 건 행복해지는 데 정말 중요한 요소라고 생각해요.
그렇지 않으면 계속 나를 부정당하는 느낌 속에서 살아야 하거든요.

이 집으로 이사 오게 된 배경에는 풍경이 큰 영향을 주었다고 들었어요.
원래는 작업실도, 집도 모두 망원동에 있었어요. 마포구 망원동의 오래된 아파트였는데, 그 집도 지금 집과 비슷한 분위기로 인테리어해서 살고 있었고요. 망원동은 오래된 동네 특유의 느낌이 살아 있는 곳이라 정말 좋아했어요. 한강도 가깝고 시장도 있고, 그러면서 젊은 사람들이 들어와 자기들만의 감각으로 가게를 열고, 오래된 것들과 새로운 것들이 자연스럽게 섞여 계속 변화하는 모습이 보였거든요. 그 안에 나도 함께 있고 싶다는 마음이 컸고, 그래서 아예 그 동네에서 평생 살 생각으로 집을 샀던 거예요. 그런데 시간이 지나면서 재개발 이야기가 계속 나오기 시작했어요. 단지 전체가 없어지고 새로운 아파트 단지가 들어선다는 기사를 보게 됐고요. 사실 저는 그런 변화가 썩 내키지 않았어요. 무엇보다 제가 좋아했던 건 이 동네의 잔잔한 분위기였는데, 모든 게 아파트로 바뀌면 결국 전혀 다른 사람들이 이곳에 살게 되겠다는 생각이 들었어요. 그러면 동네 성격이 달라질 테고, 그 안에서 살아가는 방식도 제가 원하던 모습과는 멀어질 것 같았죠. 이곳은 더 이상 내가 살고 싶은 동네가 아니겠구나 싶었고, 그때부터 '그럼 나는 어디에서 살면 좋을까?'를 진지하게 고민하게 됐어요.

고민의 결과는 어땠어요?
자연에 가깝고 조용한 곳에서 살고 싶었어요. 캠핑도 오래 해왔고, 밖으로 나가 있는 시간을 좋아했거든요. 마침 팬데믹 때 미국에 머물고 있었는데, 그때 아내와 로드 트립을 했어요. 다들 해외에 안 나가던 시기라 정말 사람이 없었고요. '이럴 때가 아니면 이런 자연을 보기 힘들겠다.' 싶어서 일부러 국립공원들을 찾아다녔어요. 정말 거대한 자연이었죠. 서부 해안 쪽에서는 저랑 아내 둘이서 바닷가에 장작을 피워놓고 앉아 있다가 밥해 먹고, 차 타고 또 다른 곳으로 이동하고, 또 어떤 날은 원시림 같은 숲을 둘이서 계속 걸어 다니고요. 한국에는 이런 규모의 자연은 없겠지만, 그래도 조금이라도 더 한적한 곳에서 자연이

변하는 걸 보며 살고 싶다는 생각이 들었죠. 그때부터 새로운 집에 대한 키워드들이 생기기 시작했어요. 조용하고 쉽게 변하지 않을 것 같은 곳, 자연과 가까운 곳. 그런 조건들을 놓고 서울 근교를 정말 많이 돌아봤어요.

조건에 만족하는 곳을 단번에 찾았어요?
아내가 저보다 훨씬 예민하고 기준도 꼼꼼해서 체크리스트가 굉장히 촘촘했는데, 사실 그 조건을 다 만족하는 곳은 거의 없었어요. 그 언저리에서 가장 근접한 곳이 북한산 근처라는 결론에 이르렀고요. 그래서 북한산을 둘러싼 지역들을 중심으로, 해가 들었을 때 느낌은 어떤지, 창밖으로 보이는 풍경은 어떻게 달라지는지, 빛이 너무 강하게 들어오지는 않는지 같은 것들을 유심하게 고려했어요. 하나씩 지워 나가다 보니 이쪽밖에 남지 않았고, '그럼 여기서 집을 찾아보자.' 해서 이 일대 전체를 다 훑어보다가 이 집을 발견했어요. 옆쪽으로는 숲이 있고, 집이 남동향이라 해가 떠서 이동하는 동안 하루 종일 빛이 집 안으로 부드럽게 들어와요. 만약 완전한 남향이었다면 빛이 너무 직선적이어서 눈부시고, 풍경도 잘 안 보였을 텐데 이 집은 해가 옆으로 은은하게 돌면서 들어오거든요. 그러다 해 질 무렵이 되면 또 다른 방향에서 빛이 오면서 풍경이 한 번 더 아름답게 보이고요. 하루 동안 계속 다른 얼굴의 풍경을 볼 수 있겠다는 생각이 들었고, 그게 이 집을 선택하게 된 가장 큰 이유였어요.

높은 지대라 볼 수 있는 풍경인 것 같기도 해요. 아까 택시를 타고 오는데 가파른 언덕을 보고 기사님께서 당황하시더라고요(웃음).
아 그래요(웃음)? 여기로 이사 온 뒤에는 택시를 탈 때마다 기사님들이 높은 언덕을 오르면서 "여기 어떻게 살아요?"라고 물으세요. 저는 문제 될 게 없거든요. 택시 타고 오면 되고, 마을버스를 타도 되고, 걸어와도 돼요. 이 동네에 사는 70대, 80대 어르신들도 다 걸어서 올라오세요. 사실 아무도 여기를 불편하다고 생각하지

않아요. 그 느낌이 저는 되게 좋더라고요. 여기까지 음식 배달이 되냐고 묻는 분들도 계시는데요. 저는 배달 음식을 거의 안 먹어요. 매일 내가 먹고 싶은 게 꼭 눈앞에 있어야 할 필요는 없다고 느끼고요. 집 안에서 음식을 해 먹으면 되고, 밖에 나갔을 때 슈퍼에서 재료를 사 오면 되니까요. 오히려 그런 것들에서 조금 멀어졌을 때 더 행복해지는 순간들이 분명히 있어요.

이번 호를 준비하며, 집을 경제적 가치로 해석하는 방식과는 조금 다른 선택을 해온 사람들의 이야기를 들어보고 싶었어요.
집을 경제적 가치나 재테크 수단으로 보는 시선도 이해해요. 저는 "아직 젊은데 그때 집을 팔아서 더 비싼 데 갔으면 얼마가 올랐을 텐데"라는 말도 들었어요. 일리는 있지만, 저는 그렇게 번 돈으로 다음에 무엇을 하고 싶은지가 더 중요하다고 생각해요. 결국 그렇게 번 자산으로 더 큰 집, 그다음엔 더 큰 집을 사는 이야기로 가게 되더라고요. 끝이 없는 거죠. 자산이 삶을 어느 정도 윤택하게 해주는 건 맞지만, 그 돈으로 어떤 삶을 살고 싶은지에 대한 질문은 꼭 있어야 한다고 생각해요.

에그 2호 님은 스스로 어떤 질문을 해왔나요?
남들이 나를 어떻게 볼지, 무엇을 보여주고 싶은지 같은 생각들을 하나씩 덜어내다 보면, 정말 갖고 싶은 건 생각보다 많지 않다는 걸 알게 돼요. 제 아내는 집에서 입는 티셔츠가 두세 벌뿐인데, 저는 그만 버리라고 할 정도예요. 그런데 본인은 그게 가장 편하대요. 그럼 충분하죠. 이 이상 옷이 왜 필요할까 싶어요. 밖에 나갈 때 입는 옷도 몇 벌이면 되고요. 점점 필요한 게 없어져요. 그렇게 하나를 고를 때마다 정말 내가 원하는 게 뭔지, 오래 곁에 두고 싶은 게 뭔지를 더 생각하게 돼요. 그렇게 고른 것들은 자연스럽게 오래 쓰게 되고요. 저는 그런 안목을 기르고, 그런 삶의 태도를 갖는 게 진짜 저축이자 재테크라고 생각해요. 집을 고를 때도 마찬가지예요. 남들이 좋다는 기준보다 내가 무엇을 좋아하는지를 먼저 아는 것. 매일 장을 보고 요리하는 걸 좋아한다면 마트 가까운 집이 맞는 거고, 아이가 있다면 또 다른 기준이 생기겠죠. 저마다 상황과 필요는 모두 다르니까요.

또 집을 선택할 때 중요하게 고려해야 한다고 생각하는 지점이 있을까요?
중요한 건 집이라는 공간이 결코 혼자 떨어져 존재하지 않는다는 점이에요. 옆집이 있고, 뒷집이 있고, 동네에 들어서는 순간 그곳의 분위기와 커뮤니티 안에서 살게 되죠. 의도하지 않아도 그 공간에서 보고 듣고 살아가면서

자연스럽게 가치관이 만들어져요. 결국 나와 이웃의 가치관은 맞닿고 연결될 수밖에 없고요. 그래서 내가 원하던 감각과 잘 맞는 곳에 가면, 비슷한 생각을 가진 사람들이 이미 그곳에 살고 있고, 그 안에서 내가 중요하게 여기던 것들이 더 확신을 얻게 돼요. 반대로 맞지 않는 곳에 가면, 결국 내가 그 환경에 나를 맞추게 되죠. 사람은 그렇게 변하니까요. 그게 괜찮다면 물론 그것도 하나의 방식일 수 있어요. 비슷하게 살아가는 것도 나쁘지 않죠. 하지만 나만의 삶의 방식이 있고, 분명히 원하는 것이 있다면 거기에 맞는 집을 고르는 건 행복해지는 데 정말 중요한 요소라고 생각해요. 그렇지 않으면 계속 내가 부정당하는 느낌 속에서 살아야 하거든요. 내가 편해지고 싶고, 행복해지고 싶다면 결국 나와 비슷한 감각을 가진 사람들이 살아가는 곳을 선택하는 게 좋다고 봐요.

실제로 내가 원하는 가치관과 맞지 않은 집에서 산 경험도 있어요?
어릴 땐 대부분 그랬어요. 음악을 하려면 왠지 강남에 있어야 한다는 분위기가 있잖아요. 중요한 녹음실이나 엔터테인먼트 회사가 다 그쪽에 있고, 거기에 있어야만 비즈니스가 일어나고 사람도 만날 수 있을 것 같고요. 그래서 꽤 오랜 시간을 그곳에서 보냈어요. 5평, 6평짜리 원룸에서 비싼 월세를 내면서, 내가 있을 자리를 찾으려고 애썼죠. 지금 돌이켜보면 그 시간들이 꽤 고통스러웠던 것 같아요. 마음으로는 아니라고 느끼면서도, 다들 그렇게 사니까 이게 맞나 싶어서 계속 버텼거든요. 그러다 보니 어느 순간 너무 피폐해진다는 걸 알겠더라고요. 저는 작곡 일을 먼저 시작했는데, 그때는 한국에서 제 곡을 사주는 사람이 거의 없었어요. 그럴 때 주변에서는 이런 얘기를 하더라고요. "너 지금 히트곡 작곡가처럼 안 보여. 히트곡 작곡가처럼 보일 필요가 있어." 외모를 더 가꾸고, 좋은 옷을 입고, 좋은 차를 타고, 좋은 가방을 들어야 한다는 거예요.

왜요?
그래야 사람들이 '아, 이 사람이 작곡으로 돈을 좀 벌었나 보다.'라고 생각할 거래요. 데모 CD를 꺼낼 때도 가방이 좋아야 한다고요. 저는 그게 너무 싫었어요. 그 신이 계속 저를 불편하게 만든다는 느낌이었고, 거기서 벗어나고 싶다는 생각이 들었죠. 작곡가는 결국 혼자 있는 시간이 많은 직업이잖아요. 그 시간이 행복해야 하는데, 당시 서울에서 쓰던 작업실은 6평짜리 오피스텔이었어요. 창문 앞에는 바로 옆 건물이 있어서 하루 종일 해가 들지 않았고요. 몸이 계속 아플 수밖에 없는 환경이었어요. 그러다 우연히 일산으로 이사를 가게 됐는데요. 호수공원

바로 앞이었는데, 월세는 비슷한데 집은 세 배쯤 넓어졌죠. 매일 호수공원을 걸으면서 산책하고, 생각을 정리하고, 날씨가 좋으면 돗자리를 깔고 앉아 책도 읽고요. 그 생활을 하면서 처음으로 알게 됐어요. 이게 내가 원하는 삶이라는 걸요. 그 시간을 지나오면서 사람에게 빛이 얼마나 중요한지, 여유가 얼마나 중요한지도 알게 됐고요. 모두가 좋다고 말하는 길이라도 내가 아닌 것 같으면, 아닌 선택을 해보는 거죠. 그래야 알게 되더라고요.

이 집은 아내와 함께 꾸리셨잖아요. 각자 방을 쓰고 공용 공간에서 만나는 생활 방식을 선택하셨다고 들었어요. 이런 구조가 일상에 어떤 영향을 주나요?
사람은 자기 자신이 온전할 때 가장 행복하다고 생각해요. 그렇다면 두 사람이 함께 살면서도, 각자가 온전할 수 있는 공간을 만드는 게 먼저가 아닐까 싶었어요. 물론 쉽지는 않죠. 자는 시간도 다르고, 살아온 환경도 다르니까요. 나는 내가 익숙한 방식이 편한데, 상대는 아닐 수도 있고요. 그럴 때 "왜 너는 이래?"라고 묻기 시작하면 끝이 없잖아요. 대신 각자의 방식을 존중한 채, 어디에서 교집합이 생길지를 열어두고 생각해 보자는 쪽이었어요. 너는 이렇게 살아왔구나, 그럼 나는 한번 이렇게 해볼게. 너도 저렇게 해볼래? 이런 식으로요. 그래서 각자의 방은 취향대로 쓰고, 공용 공간에서는 우리의

공통점을 찾아보자고 했어요. 그렇게 지금의 구조가 자연스럽게 만들어졌어요. 누군가가 양보해서 만들어진 합의라기보다는, 서로가 온전히 100인 상태로 있다가 자연스럽게 어떤 교차점에서는 만나게 되는 거죠.

두 분의 교집합 중 하나가 핀란드 건축가 '알바 알토'의 스타일인 것이지요?
맞아요. 둘 다 그 건축가의 스타일을 좋아해요.

알바 알토는 어떻게 알게 됐어요?
먼저 각자 좋아하는 이미지를 핀터레스트에 모으면서, 우리가 계속 반응하는 게 뭔지부터 확인했어요. 그 안에서 공통점이 뭔지 생각해 보자는 거였죠. 우리가 좋아하는 건 어떤 이미지일까, 어떤 단어와 키워드로 설명할 수 있을까 하고요. 이미지를 보다 보면 자연스럽게 질문이 생겨요. 이 집은 왜 마음에 들지, 이건 어떤 가구지, 이 공간은 누가 만들었을까. 그 과정을 지나며 저 자신을 더 알게 되기도 했어요. 나는 이런 선에 반응하는구나, 이런 디테일에서 안정감을 느끼는구나. 반대로 어떤 형태는 유독 잘 안 맞는다는 것도요. 그런 이야기들을 아내와 계속 나눴고요. 그렇게 하나씩 솎아내다 보니, 유독 자주 겹쳐 등장한 이름이 있었어요. 알바 알토였죠.

어머, 너무 신기해요!
처음에는 그 사람이 만든 공간인지도 모르고, 그냥 여기도 좋고 저기도 좋은데 왜 이렇게 겹치지 싶었거든요. 나중에 알고 보니 전부 같은 사람이 만든 공간이더라고요.

그 스타일을 집에 구현하기 위해 직접 핀란드로 건축 여행을 떠나셨다고요. 가서 어떤 경험을 하고 왔어요?
정말 우리가 좋아하는 그 언어가 맞는지, 직접 확인해 보고 싶었어요. 핀란드에 가면 알바 알토가 만든 공간이 곳곳에 있고, 그가 디자인한 조명이나 가구도 여전히 사용되고 있거든요. 그런 공간들을 하나하나 걸어보고 머물러보면서 직접 체험했어요. 핀란드는 추운 나라다 보니 빛이 특히 중요하잖아요. 빛이 들어오는 방식에 따라 공간이 얼마나 따뜻해지는지, 어떤 비율일 때 편안하게 느껴지는지도 계속 관찰했고요.

두 분이 발견한 알바 알토의 핵심적인 언어는 무엇이었어요?
첫째는 자연스러움이었어요. 1930년대에 만들어진 공간인데 왜 지금까지 편안하고 아름답게 느껴질까. 분명히 투박해 보이는 요소들도 있는데, 이상하게 투박하게 느껴지지 않더라고요. 그 이유가 뭘까 생각해

보니, 거기에는 '자연스러움'이 있었어요. 일부러
멋을 부리거나 눈에 띄게 만들려는 게 아니라, 기능과
자연스러움을 토대로 공간을 만들고 그 안에서 하나의
완성된 균형점을 찾아낸 느낌이랄까요. 알바 알토는 이런
개념을 '세컨드 네이처Second Nature', 그러니까 제2의
자연이라는 말로 표현했는데요. 자연에서 영감을 받되,
그 본질을 다시 공간과 디자인으로 풀어내는
작업, 그 태도가 우리에게 닿았던 거죠. 둘째는
타임리스함이었어요. 쉽게 질리지 않을 것 같은 감각은
결국 너무 뽐내지 않는 데 있더라고요. 디자인이 앞서서
사람을 압도하지 않고, 그 안에 있는 사람이 불편함 없이
머물 수 있는 상태요. 겉으로 보면 평범해 보이지만, 막상
써보면 사용성이 좋고 오래 머물러도 몸이나 마음이
거슬리지 않는 공간이죠. 집은 그런 곳이어야 한다고
생각했어요. 집은 하루에 열 시간, 스무 시간씩 머무는
곳이잖아요. 마음대로 움직여도 부담이 없고, 아름답지만
스스로 주인공이 되지 않는 공간. 이곳에 있는 사람이
자연스럽게 중심이 되는 공간. 그런 점에서 알바 알토의
작업들은 우리가 생각하는 집의 조건과 정확히 맞닿아
있었어요.

집에 들어왔을 때 여러 가구가 보였지만, 이 8인용
**테이블이 가장 먼저 시선에 들어왔어요. 이런 크기로
선택하신 이유가 궁금해요.**
이 공간에서의 삶을 누군가와 나누고 싶다는 마음이

있었어요. 사실 둘만 산다면 이렇게 큰 테이블은 필요하지
않죠. 그런데 집이 커진 만큼, 여기서 같이 저녁을 먹고
차를 마시고, 오래 앉아 이야기를 나누면 좋겠다고
생각했어요. 연말에 처가댁 식구들이나 제 가족이 함께
모여 복작복작하게 시간을 보내는 풍경도 떠올렸고요.

실제로도 자주 초대하고 모이시나요?
아니요, 잘 못 와요(웃음). 그래도 저한테는 그게
낭만이에요. 예전에 작은 오픈카 피아트를 샀을 때도
주변에서 "1년에 뚜껑 몇 번이나 열겠어?"라고
말렸거든요. 저는 바로 그 몇 번 때문에 사는 거예요.
1년에 몇 번이더라도, 그 순간만큼은 가족이나 가까운
사람들과 특별한 시간을 만들고 싶었어요. 결국 1년에
그 며칠, 그 몇 번의 시간 덕분에 행복해지는 거라고
생각해요.

**아까 대화 초반에 에그 2호 님은 스스로를 통제하는
경향이 있다고 했잖아요. 아내 도라 님은 어떤 성향을 가진
분이에요?**
아예 반대예요. 초반에는 그런 점들이 조금 힘들었어요.
어디로 튈지 모르는 삶이 신기하고 부럽기도 했지만,
저는 그렇게 살 수 없는 사람이어서 그 모습이 불안하게
느껴지기도 했죠. 저는 "세상의 모든 빛이 모이면 흰색이
되고, 모든 색이 모이면 검은색이 된다."고 말하는
사람이에요. 반면 아내는 "이 많은 빛과 색을 어떻게

흰색이나 검은색으로 퉁쳐서 얘기해? 나는 각각의 색을
하나하나 다 보고 싶어.”라고 말해요. 제 아내는 새로운
사람들을 만나는 데서도 큰 즐거움을 느껴요. 최근에도
외국에 한 달씩 다녀왔는데, 그곳에서 새로운 친구들을
사귀어서 오더라고요. 어느 날부턴가 집에 마다가스카르
친구, 브라질 친구처럼 제가 평생 만날 일 없었을 사람들이
오기 시작했어요. 나이도, 배경도, 정서도 다 달라서
저였다면 아마 나와 잘 맞지 않는다고 판단하고 거리를
뒀을 텐데, 아내를 통해 그런 만남을 경험하게 되는 거죠.
그 시간이 지금은 즐거워요. 덕분에 저도 조금 더 넓은
시각으로 세상을 보게 되고요.

**그런 아내분의 관점이 이 집을 만들어가는 데 어떤
영향을 주었을까요?**
아내 덕분에 이 집이 더 사람 냄새나는 공간이 되었어요.
저는 원래 제가 편하게 있을 수 있는 집을 떠올렸거든요.
비교적 미니멀하고, 색으로 치면 흰색이나 검은색처럼
모든 걸 담을 수도 있고, 없어도 상관없는 공간이요.
그런데 그런 집은 누군가 들어왔을 때 오히려 압도감을
줄 수도 있겠다는 생각이 들더라고요. 지금의 집은
온기가 있고, 우당탕 살아가는 흔적들이 남아 있는
공간이에요. 사람들이 실제로 어떻게 사는지가 느껴지는
집이랄까요. 아내는 그런 감각을 늘 몸으로 먼저 보여주는
사람이거든요. 그 시선이 이 집의 분위기를 결정하는 가장
큰 힘이 됐다고 생각해요.

**예전에 SNS에 “집을 꾸미는 것과 꾸리는 것은
다르다”고 말씀하신 걸 봤어요. 두 가지는 어떤 차이가
있을까요?**
집은 내가 온전히 행동하고 머무는 공간이잖아요. 그렇기
때문에 살아가기 위해서는 집을 ‘꾸며야’ 하기보다
‘꾸려야’ 한다고 생각해요. 남들 눈에 예뻐 보이기 위한 집,
누군가의 시선을 의식해서 만들어진 공간 안에서는 마음
둘 곳이 없어지게 되는 것 같아요. 밖에서는 누구나 어느
정도의 가면을 쓰고 살죠. 때로는 허세를 부리기도 하고,
어떤 척을 하기도 하고. 하지만 집에 돌아와서는 적어도
가족 앞에서는 온전히 나 자신으로 있어야 하잖아요.
그래야 다음 날 다시 세상 밖으로 나갈 힘도 생기고요.
그래서 예를 들어 청소기 하나를 사더라도, ‘이게
예쁜가’보다 ‘내가 어떻게 청소하는 게 가장 편한가’를
먼저 생각해야 한다고 봐요. 또 먼지 알레르기가 있는데도
보기 좋다는 이유로 카펫을 까는 건 내 생활과는 맞지
않을 거고요. 내가 현실적으로 가꿀 수 있고, 가꾸고 싶은
정도가 어디까지인지를 스스로 알고 공간을 만드는 것.
그게 집을 꾸린다는 의미에 더 가깝다고 생각해요.

**집을 잘 꾸린다는 건, 내 생활을 잘 꾸리는 것과도
같으니까요.**
맞아요. 저는 제 집이 ‘나라는 사람이 어떤 사람인지’를
굳이 설명하지 않아도 자연스럽게 드러나는 공간이었으면
좋겠어요. 거짓말이 없고, 꾸며낸 설정이 없는 공간.
내가 더 이상 나를 증명하지 않아도 이 안에서는 그대로
받아들여지는 존재일 수 있을 때, 비로소 집이 집의 역할을
한다고 느껴요. 그래야 그 안에 있는 나도 편안해질
테니까요.

1년에 단 며칠을 위해 들인 8인용 식탁에 앉아 이야기를
나누는 동안, 에그 2호의 얼굴에는 뉘엿뉘엿 저무는
해가 비쳤다. 나의 질문에 그는 고심했던 자신의
이야기를 꺼내고, 처음 보는 이에게 기꺼이 가장 사적인
공간을 열어주었다. 나는 그의 흔적 곳곳을 남몰래
흠모하듯 살펴보았다. 이럴 때마다 어떤 값을 지불하고
얻었을 타인의 경험을 너무 쉽게 얻어가는 건 아닌가
고민하다가도, 그래서 애먼 곳으로 흘리지 않도록 두 손에
꼭 쥐고 돌아오게 된다. 나에겐 이런 순간이 낭만이지 싶다.

PETER DOIG
Bankers Box.
JAZZ RECORDS.
701

그림 같은 한옥이 옹기종기 모인 마을, 북촌. 아파트 숲을 지나 이곳에 닿으면 자연스레
이 동네에 사는 이들의 얼굴이 궁금해진다. 그렇게 만난 사람은 금속공예가이자 라이프스타일
브랜드 '미호미두MIHOMIDU'를 운영하는 아미라, 그리고 스킨케어 브랜드 '혜자Hyeja'를
이끄는 정민. 이국적인 분위기가 감도는 한옥은 두 사람과 꼭 닮았다. 다양한 문화권을 오가며
자신의 근원을 묻고 또 물었던 존재들. 이곳은 이들이 비로소 나답다 여기는 안전한 세계다.

진정 내가 속한 곳

아미라—금속공예가, 미호미두 · 김정민—혜자

에디터 차의진 포토그래퍼 임정현

살구나무 곁에서 이야기를 나누게 되었네요. 집 중앙에 살아 있는 나무가 있다니 신기해요.
아미라 우리가 앉아 있는 거실은 원래 마당이었대요. 확장 공사를 하면서 거실이 생긴 건데, 마당에 있는 살구나무를 없애지 않고 집 천장을 뚫어 그대로 키운 거예요. 테라스에 올라가면 이 나무에서 이어진 가지를 볼 수 있어요.
정민 공사하면서 나무를 자를 수도 있었을 텐데 이렇게 집 안에 들이고 키운다는 게 너무 아름답게 느껴져요. 주변 환경을 해치지 않고도 건축이 가능하다는 걸 보여주죠. 저는 가끔 이 나무를 껴안아요. 그러면 좋은 에너지를 받을 수 있다고 장인어른이 말씀해 주셨거든요(웃음).

(웃음) 물도 직접 주시는 거예요?
아미라 네. 일주일에 한두 번 생각날 때요. 나무 윗부분은 바깥과 닿아 있으니까 자연스럽게 비바람도 맞으며 크는 것 같아요. 신기하게 집 안에 있는 아래쪽 가지에는 잎이 자라지 않아요. 나무도 위쪽이 바깥과 연결된 걸 알고 있나 봐요.

똑똑한 나무네요. 두 분이 이곳에서 함께 산 지는 얼마나 되었어요?
아미라 저는 서울 연희동에서, 정민 씨는 제주도에서 지내다 함께 살 집을 찾았고 작년 가을에 입주했어요. 각자의 집을 정리하다 보니 입주 이후로도 두 달 넘게 이사 여정이 계속됐고, 이제야 생활이 조금 안정됐네요. 여긴 우리가 첫 번째로 본 집이었는데 마음에 들어서 바로 계약하게 됐어요. 이탈리아 건축가가 한국인 아내랑 아이들과 거주할 목적으로 지은 현대식 한옥인데요, 여러 나라 문화가 섞인 느낌이 꼭 저희 같았죠.

처음부터 북촌의 한옥을 찾았던 건가요?
정민 집을 찾다 보니 북촌에 오게 된 건데요. 사실 북촌은 언덕도 많고 주차도 어려워서 살기 편한 곳은 아니에요. 오래전부터 한옥에 살고 싶던 차에, 마침 동서양의 조화가 이뤄진 이 집을 발견하게 된 거예요. 저는 이 집에 살며 북촌을 경험해 보면서 제 나름의 방식으로 사라지는 우리의 전통을 지키고 싶어요.
아미라 북촌에 오니까 시간을 온전히 느낄 수 있어서 좋아요. 가까운 광화문만 가도 빌딩 숲에, 사람들이 바쁘게 지나가는데 한적한 이곳은 완전히 다른 세계 같아요.

느림과 여유로움이 있는 동네죠. 정민 씨는 왜 오래전부터 한옥에 살아보고 싶었나요?
정민 저는 한국에서 태어났지만 열세 살부터 9년간 뉴질랜드에서 유학 생활을 했어요. 어릴 때 한국에 들어온

미라와는 완전히 반대인 거죠. 고향과 멀어져 있다 보니 내가 누군지 찾고 싶고, 한국이 궁금했어요. 가끔 뉴질랜드에서 한국에 들어오면 전통이 살아 있는 종로나 을지로, 한옥 주변에서 매력을 느꼈고요. 그리고 저는 무엇이든 자연스러운 것을 좋아하는데, 한옥은 숨을 쉬는 목재로 지은 집이라는 점도 좋았어요.

이탈리아 건축가의 손에서 탄생해서인지 집이 일반적인 한옥과는 사뭇 달라요. 내부를 가볍게 소개해 주실래요?
아미라 한옥은 보통 가운데 마당을 두고 디귿자, 미음자로 지어져요. 그런데 이 집은 특이하게 가운데 금속 구조물이 있어요. 금속공예 작가인 저와 연관된 지점이 집 안에 있다는 게 매력적으로 다가왔죠. 구조물 위로는 다락방이 있고, 아래로는 지하가 있어요. 지하는 작은 거실로 사용 중인데 앞으로 정민 씨가 작업하는 공간으로 꾸밀 거예요. 옥상에는 테라스가 있는데요. 날씨가 따뜻하면 여기서 브런치를 먹거나 노트북 작업을 해요. 한옥 지붕으로 둘러싸인 풍경 속에서 시간을 보낼 수 있다니 행운이라고 생각해요.

다양한 문화권을 경험한 두 분이 한옥을 선택했다는 게 특별하게 다가와요. 아미라 씨가 한국에서 보낸 시간에 관해 들어볼 수 있을까요?
아미라 저희 아빠는 말레이시아에서 오랫동안 공부를 하셨고, 박사 과정을 위해 한국을 택하셨어요. 저는 국적은 리비아지만, 말레이시아에서 태어나 부모님을 따라 어릴 때 한국으로 오게 된 건데요. 원래 아빠의 박사 과정이 마무리되면 다시 어딘가로 떠나야 했는데, 제가 사춘기가 시작되면서 이제는 한 나라에 정착하고 싶다고 선언했어요. 결국 한국에서 26년째 살고 있죠. 인생의 절반 이상을 한국에서 보냈지만 이방인의 마음으로 살고 있어요. 프랑스나 미국 같은 다인종 국가와 다르게 아직 한국은 구분의 시선이 존재해요. 입을 열기 전까지는 관광객으로 오해를 받기도 하고, 말을 하면 한국어 잘한다는 이야기를 듣곤 하니까 이곳에 완벽히 스며들 수는 없을 것 같죠. 어릴 때는 '나는 영원히 한국과 함께할 수 없는 건가?', '평범한 사람이 될 수는 없을까?'를 고민하기도 했어요. 그런데 언젠가부터 사람들의 주목을 받는 것이 제 작업에 도움이 된다는 생각이 들고, 사람들의 관심을 일에 긍정적인 방향으로 활용해 보고 싶어요. 어쩌면 특별하기 때문에 관심을 받는 건 아닐까도 싶고요.

정민 씨도 뉴질랜드에서 머물면서 이방인이 된 것 같은 기분을 느껴보았나요?
정민 그럼요. 저도 그곳에서 이방인이었으니까요.

처음에는 언어 때문에 고생을 많이 했고, 뉴질랜드
사람처럼 생활하면서도 항상 '나는 여기 사람이 아닌데.'
라는 마음을 가지고 있었어요. 고향에 돌아왔을 때조차
나는 한국 사람들과 다르다는 느낌도 받았고요.
아미라 저도 마찬가지예요. 리비아에 가도 저는 여전히
이방인이에요. 왜, 한국 사람도 외국에 오래 살면 생김새도
조금 달라지고, 그 나라 분위기로 바뀌잖아요. 리비아에
가면 제가 그렇다고들 하더라고요. 우리나라에서도
이방인, 한국에서도 이방인이니까 저는 어디에도 완벽히
소속되지 못하는 것 같아요. 그래서 저한테는 가족이
나라처럼 느껴져요.
정민 저는 친구를 사귈 때 어느 나라에서 왔는지 중요하게
생각하지 않아요. 국적은 그 사람을 정의하지 않거든요.
한국은 세계에서도 점점 주목받고 있기 때문에 앞으로
이곳에 우리 같은 사람들이 자연스럽게 많아질 거라고
생각해요. 그런 사람들을 환영하고 차별하지 않도록
애써야겠죠.

**두 분의 작업과 브랜드에 관해 이야기 나누어볼게요.
아미라 씨는 금속공예 작가로 활동 중이죠. 어떻게
시작하게 된 건가요?**
아미라 예술고등학교에 다니며 미술대학을 준비하던
시절, 액세서리 모델 제안을 받았어요. 주말마다 교복을
입고 쇼룸에 가서 촬영을 했죠. 지금 생각해 보니 거기도
북촌이었네요(웃음). 브랜드 운영자가 한옥을 닮은 쇼룸에서
금속을 다루는 모습이 멋지게 느껴졌고, 그때 처음
금속공예라는 분야를 알게 됐어요. 하고 싶은 것이 많은
아이였던 터라, 금속공예를 배우면 가구부터 액세서리까지
폭넓게 다룰 수 있다는 점도 큰 매력으로 느껴졌죠. 그렇게
자연스럽게 진로를 정해 석사 과정까지 금속공예를
전공하게 됐어요.

**10년 넘게 금속공예를 다루고 있는데, 작업에서 어떤
기쁨을 얻고 있는지 궁금해요.**
아미라 제가 상상하는 물건의 대부분을 만들 수 있다는
점이 금속공예를 선택하길 잘했다고 느끼게 해주죠.
저기 부엌의 금속 선반 보이세요? 원래 있던 상부장을
떼고 제가 직접 만든 거예요. 새 제품을 아무리 찾아봐도
마음에 드는 게 없길래 '그냥 내가 만들지.'라는 마음으로
제작했는데요. 이런 생각을 할 수 있다는 것 자체가 너무
좋아요(웃음). 부엌 쪽 수납장에 부착된 금속 손잡이들도
제가 만들었어요. 작업을 이 집에 녹일 수 있다는 점이
무척 행복해요. 구상한 것들을 실현해 낼 수 있다는 건
공예가로서 가장 뿌듯한 일이에요.
정민 최근에 미라한테 제가 지하에서 쓸 테이블 좀

만들어달라고 부탁했어요(웃음). 저는 원래 공구 다루는
법을 잘 몰랐는데, 미라가 조금씩 알려주기도 해요.
아미라 이제는 정민 씨가 저한테 드릴 사용법도 배워서
제가 정민 씨를 드릴맨이라고 불러요(웃음). 저와 다르게
정민 씨는 뷰티 브랜드 대표로서 섬세한 스킨케어 제품을
다룬다는 점도 재밌게 느껴지고요.

**비슷하면서도 완전히 다르네요. 말씀하신 드릴처럼
금속공예를 위한 집기들은 범상치 않을 것 같아요.**
아미라 아무래도 금속을 다뤄야 하니 망치나 집게, 모루,
톱 같은 도구를 쓰죠. 뭔가를 뚫는 기계도 사용하고요.

**그래서인지 금속 하면 단단하고 강한 이미지가
떠오르는데요. 아미라 씨에게 금속이라는 재료는 어떻게
와닿나요?**
아미라 차갑거나 날카롭고 둔탁하다는 인식이 있지만,
저는 금속이 무엇보다 예민하고 따뜻한 재료라고
생각해요. 온도에 솔직하거든요. 금속으로 된 무언가에
손을 대면 아주 빠르게 체온을 흡수하죠. 그래서 저는
금속이 가장 따뜻한 재료로 느껴져요.

**대중적인 사랑을 받은 작업은 '쿠션 거울'로 알고
있어요. 소개를 부탁해요.**
아미라 금속은 종종 날카롭고 위험한 재료로 인식되는데
거울도 비슷해요. 깨진 거울은 부정적인 상징을 담고 있고,
영화 속에서도 불길한 징조를 암시하는 소품으로 등장하곤
하죠. 저는 그런 거울을 어떻게 하면 보다 안정적이고
부드럽게 보일 수 있을지 고민하다가 잠들었는데,
꿈속에서 가장자리에 쿠션을 덧댄 거울을 보게 됐어요. 그
꿈을 계기로 생각해 보니 저는 한국에 살면서도 늘 나라가
없다는 감각 속에서 안정감을 갈구하며 살아왔더라고요.
그런 제가 가장 편안함을 느끼는 순간은 쿠션과 베개에
몸을 맡기고 있을 때였고요. 쿠션이라는 소재가 제게
주는 안정감을 깨닫고, 꿈을 꾼 다음 날 바로 쿠션 거울을
만들었어요. 그리고 인스타그램 스토리에 공유했는데,
사고 싶다는 반응이 이어지면서 자연스럽게 판매로까지
이어졌죠. 코로나 시기부터 선보인 작품이고 요즘에는
아기 방 거울로 특히 많이 쓰이고 있어요. 제가 느꼈던
쿠션의 안정감이 다른 사람들에게도 전해졌다는 생각이
들어요.

**이어진 작업에서도 거울이 주요한 소재로 자주
등장해요. 거울을 계속 다루게 된 이유가 있을까요?**
아미라 거울은 설치 방식에 따라 장식이 되기도, 분명한
기능을 지닌 물건이 되기도 해요. 방에 거울을 높게 달면

공간이 거울 안으로 흡수되듯 담기면서, 반사된 풍경이
하나의 장면처럼 보이죠. 그것 자체로 창문 같은 장식이
돼요. 반대로 눈높이에 설치하면 자연스럽게 자신의
모습을 들여다보는 기능이 생기고요. 이렇게 높이에 따라
전혀 다른 역할을 부여할 수 있다는 점이 거울이라는
소재의 흥미로운 부분이에요. 저는 테두리처럼 조형적인
요소는 금속으로 만든 다음, 그 구조 안에 기능이나
장식성을 어떻게 담아낼 수 있을지 꾸준히 연구하고
있어요.

**'기능과 장식 사이'는 아미라 씨의 오랜 관심 주제죠.
좀 더 자세히 들려주실래요?**
<u>아미라</u> 제 정체성에서 출발한 주제예요. 저는 한국
비자를 얻기 위해서 직업과 활동을 정기적으로 서류를
통해 증명해야 하는 삶을 살아왔어요. 그래서 휴학을
하거나 마냥 쉴 수가 없었죠. 한국 사람들과 똑같은
존재라고 생각하면서 생활하다가도 비자 준비 기간이
되면 '맞다, 나는 여기서 나의 기능을 증명해야만 살아갈
수 있지. 그렇지 않으면 이곳에서 사라지겠구나.'라는
생각을 했어요. 어느 날은 의자를 보는데, 의자는 오로지
의자로 기능하기 위해 태어났고, 의자로 기능하지 못하면
버려지는 게 꼭 저 같아서 슬펐어요. 그때부터 어떤
오브제에서 기능이 사라지고 완전한 장식이 되거나,
아니면 그 사이가 될 수 있는지를 탐구 중이에요. 우리
집에 있는 수납장 손잡이들도 어떤 것들은 아주 위쪽이나
아래쪽에 달았어요. 어떤 수납장은 손잡이가 아예 없고요.
이것도 기능과 장식 사이를 보여주는 작업이에요. 저는
'기능과 장식 사이'라는 말이 꼭 저였으면 좋겠나 봐요.

**기능과 장식 사이를 잘 보여주는 작품은 'Dot to
Presence'가 아닐까 싶어요.**
<u>아미라</u> 가구 브랜드 '무제움'과의 협업으로 탄생한
작업이에요. 서랍장이라는 실용적인 가구에 어떻게
장식성을 더할 수 있을지에 대한 고민에서 출발했죠.
서랍은 겉으로 보았을 때 각 칸에 무엇이 들어 있는지 알기
어렵잖아요. 그래서 손잡이가 다르면 그 안의 내용물을
기억하는 데 도움이 되지 않을까 생각하게 됐어요. 또
손잡이를 구매자가 원하는 대로 커스텀할 수 있다면,
서랍이 그 사람만의 장식이 될 수 있겠다고 느꼈고요. 원형
손잡이는 평면이 입체로 전환되는 과정을 담아낸 형태로,
기능을 위한 부속품이던 손잡이가 하나의 장식 요소로
확장되도록 했어요.

**이제 정민 씨의 스킨케어 브랜드 혜자에 대해서
들어볼게요. 시작이 궁금해요.**

1. 쿠션 거울
2. Dot to Presence

정민 화장품 유통·제조 사업을 하시는 아버지를 도우면서
자연스럽게 저만의 브랜드를 꿈꾸게 됐어요. 한국 뷰티
시장은 합리적인 가격을 중심으로 빠르게 성장해 온 면도
있는데요. 저는 그 흐름과는 조금 다른 방향에서, 오랜
시간 신뢰를 쌓아가며 사랑받는 브랜드를 만들어보고
싶었어요. 가치와 품질 그리고 개인의 취향을 천천히
고민하며 제품을 선택할 수 있는 브랜드요. 해외 럭셔리
뷰티 시장에서 한국 브랜드의 존재감이 아직 크지
않다는 점도 도전해 볼 만한 지점으로 느껴졌고요. 쉽지
않은 길이겠지만, 그만큼 의미 있는 시도라고 생각하며
시작했죠.

**한국적인 브랜드 이름이 인상적이에요. 어떤 의미가
담겼나요?**
정민 혜자는 한국 전통 미학과 현대 피부 과학이 결합된
미니멀리스트 스킨케어 브랜드예요. 은혜 혜惠, 사랑
자慈를 합친 이름으로, 사랑이라는 뜻을 담았어요.
한국에서는 다소 특수한 의미로 받아들여져 처음엔
놀라워하는 분들도 계시더라고요. 하지만 이 이름이 지닌
예스러운 결이 오히려 저희 브랜드가 지향하는 전통의
가치와 잘 맞는다고 생각했어요. 부모가 아이 이름을 짓듯
애정을 담아 브랜드 이름을 정했고요. 스킨케어 브랜드인
만큼 품질에서는 타협하지 않겠다는 마음으로, 충분한
시간과 연구를 거쳐 제품을 만들고 있어요.

**"불완전함을 받아들이고 그대로의 아름다움을
존중한다"라는 슬로건은 혜자의 뜻인 '사랑'과 어떻게
맞닿아 있나요?**
정민 달항아리를 보면 작은 티가 있고 표면도 고르지
않아요. 그럼에도 아름답게 느껴지는 이유는 바로
그 불완전함 때문이죠. 한옥 또한 화려하지 않은
자연스러움에서 고유한 아름다움이 드러나고요. 그런
점들이 한국적인 미의 중요한 특징이라고 느껴요. 저는
사람들이 불완전한 그대로의 자신을 사랑해 주었으면
해요. 사람의 얼굴 역시 완벽하지 않기에 더 아름답잖아요.

**한국 전통 미학을 지향하는 만큼 브랜드 이미지나
제품에서 한국의 정서가 물씬 느껴져요.**
정민 연꽃, 유자, 쌀, 인삼처럼 한국에서 쉽게 만날 수
있는 원료로 제품을 만들어요. 또 하루아침에 빠른 변화를
일으키기보다 기존의 상태를 유지하고 발전하는 데 목적을
두고 있죠.

**작년에는 두 분이 힘을 합쳐 파리에서 팝업을
준비했다고요.**
아미라 파리 도버스트리트마켓 팝업에서 혜자를
소개했어요. 한국 전통을 미니멀하게 보여주기 위해,
제품이 놓일 기둥을 미색 한지로 감싸는 작업을 제가
맡았죠. 파리 팝업에 앞서 네덜란드의 화장품 매장 스킨스

코스메틱스에 입점된 혜자를 함께 보고 왔고요. 화려한
마케팅이 없었음에도 해외의 까다로운 마켓들이 혜자를
주목해 줘서 행복했어요.

정민 제주도에 머물 때부터 기획과 생산 모든 과정을 제가
혼자 담당했는데요. 외국에서 소비자들을 만나고 저희
제품을 좋아해 주시는 모습을 직접 보게 되어서 이번
출장이 정말 의미 있었어요. 미라와 함께라 더 좋았죠.

**다시 집 이야기로 돌아와 볼게요. 아미라 씨가 SNS에
이렇게 썼어요. "금속과 유리처럼 차가운 재료를 다루는
일을 해서인지, 나는 늘 집만큼은 따뜻해야 한다고
생각했다." 집의 따뜻함은 어디서 비롯되는 걸까요?**

아미라 저는 대체할 수 없는 나다움이 곧 따뜻함이라고
생각해요. 요즘은 쇼룸이나 카페처럼 인테리어가 잘
갖춰진 멋진 공간이 많잖아요. 그래서일수록 집은 나를
닮고, 내 이야기가 담긴 공간이어야 한다고 느껴요.
유행하는 인테리어를 멋지다 여기며 그대로 따라가다
보면, 자기만의 색이 옅어질 거예요. 저는 지금 살고 있는

이 집이 참 따뜻하게 느껴지는데요. 그 이유는 이곳이 쉽게
대체할 수 없는 공간이기 때문이에요. 제가 만든 손잡이와
선반, 우리가 직접 고른 소파 커버까지 이 모든 것이 오직
이곳에만 존재해요. 집은 저마다의 이유와 이야기가 담겨
있을 때 비로소 따뜻해질 수 있어요.

정민 씨는 집의 따뜻함에 관해 어떻게 생각하고 있어요?

정민 저는 이 집에 들어서는 순간부터 자연스럽게
따뜻함을 느꼈어요. 집 안의 디자인 요소 하나하나가
건축가 부부가 아이들을 생각하며 설계한 결과였거든요.
내부의 금속 구조물 위에 마련된 다락방도 아이들이 집
안에서 재미있게 놀도록 만든 공간이었고, 마당을 확장해
거실로 바꾼 이유 역시 아이들이 자라면서 더 넓은 생활
공간이 필요해졌기 때문이라고 해요. 거실 천장에 원형
창을 낸 것도 지붕 위를 지나가는 고양이를 함께 보고
싶어서였다고 하더라고요. 이렇게 작은 요소들까지 분명한
이유를 품고 있는 집이어서, 제가 처음 이곳에 왔을 때
느꼈던 따뜻함도 아마 그런 데서 비롯된 게 아닐까 싶어요.

문득 두 분이 진정으로 내가 속한 곳은 어디라고
느끼는지 궁금해요.

아미라 이 시대에는 저처럼 다양한 인종이 다양한
나라에서 살고 있어요. 많은 어린이들이 제 유년 시절처럼
그 안에서 어려움을 겪고 자신을 인정받고 싶어 하고
있겠죠. 그래서 우리에게 안정감을 주는 곳은 특정한
나라가 아니라 나의 집 혹은 가족일 수도 있겠다는 생각이
드네요. 저도 이런 생각을 하면서 스스로 위로를 받고
편안함을 느끼는 사람인 것 같아요.

정민 조금 오글거리지만(웃음) 사랑하는 사람과 함께 있는
곳이요. 그곳에서 저는 행복해요.

이곳에서 두 분은 편안하고 행복할 수밖에 없겠네요.
작업과 브랜드에 있어서 이 집은 어떤 좋은 영향을 남기게
될까요?

아미라 제 작품은 중동과 동양 사이 어디쯤인 것 같아요.
제가 그런 사람이다 보니 자연스럽게 작품에도 저 자신이
반영되는 거겠죠. 운 좋게 살게 된 이곳에서 경험한 것들
역시 제 작품에 담기길 기대하고 있어요.

정민 저는 이 집에 와서 더 차분해졌어요. 제가 제주도에
내려가 살았던 이유도 환경과 주변 사람들에 큰 영향을
받기 때문이었거든요. 이 집은 느리고 편안해서 제가
지향하는 가치를 우선시하면서 브랜드를 이끌어갈 수
있을 것 같아요.

대화를 나누다 보니 어느덧 해가 지기 시작했네요.
거실로 들어오는 빛이 아름다워요.

아미라 서향이라 해 질 때 집이 온통 노을로 물들어요.
보이세요? 바깥에 걸린 커다란 거울에 빛이 반사되어
집으로 들어오고 있어요. 제가 가장 좋아하는 시간이에요.

문을 나서자 들어올 때는 미처 보지 못했던 바이크
한 대가 눈에 들어온다. 작업실로 향하는 아미라를 정민이
주차장까지 데려다주기 위해, 두 사람이 거의 매일 함께
타는 것이라 했다. 그들이 함께 내려갔을 구불구불한
골목을 따라 걸었다. 나는 이들의 세계에 잠시 초대된
이방인일 뿐이지만, 이제 막 시작된 두 사람의 새로운 삶에
조용한 응원을 보태고 있었다.

고치며 사는 사람

박찬용—프리랜서 에디터

에디터 황진아 포토그래퍼 최모레

혹시 어떤 호칭으로 불리는 게 편하세요?
무엇이든 상관없어요. 가장 듣기 좋아하고 편한 건
에디터이긴 해요. 아무래도 오래 에디터로 일했고, 그 일을
가장 좋아하기도 하고요. 제가 생각하는 저의 직업이기도
해서요.

**마침 이번 호 주제가 '집'이라서 꼭 모시고 싶었어요.
나와 우리를 닮은 집이라는 주제로 여러 집의 모습들을
담아보려 해요. 그간 살아왔던 곳들부터 이야기를
해볼까요?**
처음 살았던 집은 부모님이 서울에 와서 자리를 잡으신
구로구(현재 금천구) 시흥동의 다세대 주택이에요. 창문을
열면 산이 보이던 게 기억나네요. 큰 집은 아니었지만,
가족끼리 복닥거리며 재미있게 살던 시절이었어요.
중학교 때는 지금도 부모님이 살고 계신 영등포구
아파트로 이사했어요. 사실 그 동네 기억은 많지 않아요.
중학교 때 이사하고, 고등학교는 다른 지역으로 다니면서
동네 친구가 없었거든요. 대학은 신촌역 근처로 다녔고,
그 권역이 저한테는 가장 익숙하게 느껴지는 곳이에요.
대학 졸업 후에는 잡지사에 다니며 주로 강남권에서
일했는데, 집에서는 거의 잠만 잤죠. 그러다 2017년쯤
독립하면서 첫 월셋집을 얻었어요. 서울 서대문구 연희동
외곽의 오래된 단독주택의 2층에서 살았는데, 거기서 4년
정도 지내며 여러 깨달음을 얻었어요. 그리고 결국 가진
것들을 다 털어 지금 집을 구매하게 되는데요. 집수리를
하려고 2021년부터 철거를 시작했지만, 공사 때문에
2023년까지는 입주할 수가 없었어요. 그사이 호텔 두 곳과
원룸 두 곳을 옮겨 다니며 지냈죠. 마침내 2024년 초, 현재
집에서 살 수 있을 정도로 수리가 끝났고, 그때부터 계속
여기서 지내고 있어요.

**처음 독립해 구한 단독주택 2층 집에서의 이야기를 담은
책이 《첫 집 연대기》죠. 독립한 이후로 집을 구하고 고치며
사는 이야기가 담겼어요. 그런데 이 책을 "내 경험의
할리우드 영화 같은 버전"이라고 표현하셨더라고요.**
살다 보면 좋은 일, 나쁜 일도 있고 속상한 일도 있는데,
그 책에서는 좋고 따뜻한 이야기를 많이 담았거든요.

그렇게 했던 이유는요?
우선은 에세이를 즐겨 보시는 독자층이 그런 것을
원한다고 생각해서였고, 현실적으로는 책 출간 당시에
그 집에 세입자로 살고 있어서 그 책의 큰 에피소드를
차지하는 집주인 할머니에 대한 제 감정을 여과 없이
적기에는 조심스러웠어요. 따뜻한 원고를 쓰는 게
제 성향은 아니지만 그렇다고 제가 사서 고생한 일에

불평하거나 징징거리는 이야기를 하고 싶지도 않았거든요.

그럼 에디터님의 성향은 어떤 편이에요?
저는 전반적으로 중립적인 편이라고 생각해요.
따뜻하다거나 차갑다고 규정하기보다는, 다루는 소재를
입체적으로 바라보고 표현하는 걸 좋아해요. 지나치게
따뜻한 톤으로 소개하다 보면 그 대상이 가진 입체성이
사라진다고 느껴서, 그런 방식은 덜 하려고 하는 편이에요.

소재가 가진 입체성은 어떤 것일까요?
말하자면 그런 거예요. 예를 들어 어라운드라는 멋진
회사가 있잖아요. 따뜻한 이야기를 전하는 잡지를 만들고
있고, 실제로 그런 이야기를 꾸준히 해오기도 하죠. 그런데
동시에 어라운드는 다른 기업의 콘텐츠를 만들고, 그걸
통해 수익을 내는 회사이기도 해요. 저는 그 둘 중 하나만
떼어내서 말하고 싶지는 않아요. '우리는 따뜻한 이야기를
합니다.'라고 말하기에도 어딘가 충분하지 않고, 반대로
'우리는 이렇게 돈을 버는 회사입니다.'라고만 설명하는
것도 그 회사의 전부는 아니라고 느껴지거든요. 이렇게
한 대상 안에 공존하는 여러 측면이 있다면 그 측면을
고루고루 전하고 싶어 하는 편이에요.

**단독주택 2층 집에서 보낸 시간을 "저성장 시대의 취향
추구 실험"이었다고 말씀하셨어요. 그렇게 표현한 이유가
있어요?**
말 그대로였어요. 자산과 소득이 한정된 상황에서도,
조금은 건방지게 그럴싸한 삶을 살아볼 수 있을까 하는
시도였죠. 그게 가능하다면 무엇은 끝까지 고수해야 하고,
무엇은 내려놓아야 하는지도 자연스럽게 고민하게 됐고요.
처음부터 실험을 의식하며 시작한 건 아니었고요(웃음).
'도시 거주에 대한 실험을 하고, 이걸 책으로 써야지' 같은
계획도 전혀 없었어요. 다만 살아가며 쌓인 이야기들이
한 권의 책이 될 만큼 모였고, 뒤늦게 돌아보니 그 과정
전체가 하나의 실험처럼 보였던 거죠.

그 과정을 거치며 깨달은 점이 있다면요?
내가 원하는 삶을 사는 건 충분히 가능하다는 거였어요.
다만 그 가능성은 사람들이 흔히 말하는 평균적인
바람이나 욕심에서 조금 벗어날 때 생기더라고요. 예를
들면 청약을 받지 않는다거나, 모두가 선호하는 지역을
굳이 선택하지 않는다거나 하는 식의 결정들이요. 사회가
정해둔 표준에 최대한 근접하려 하기보다, 그 바깥에서
선택을 하면 오히려 다른 가능성들이 생긴다는 걸 알게
됐어요.

에디터님이 원한 삶은 무엇이었어요?

한국의 20-30대, 40대가 흔히 떠올리는 삶의 경로가 있잖아요. 어떤 대학을 나와 어떤 직업을 갖고, 몇 살쯤 결혼해서 아이를 낳고, 어느 동네에 사는지까지 정해진 듯한 한국형 '모범 답안' 같은 삶이요. 저는 어릴 때부터 그 경로에 의문이 있었어요. 싫다기보다는, 왜 꼭 그렇게 살아야 할까 싶었던 거죠. 내가 벌 수 있는 만큼 벌고, 그 예산 안에서 편안하게 살 수 있는 곳에 살면서 내 눈에 좋아 보이는 것들로 삶을 꾸리면 되는 거 아닌가, 그런 생각을 중학생 때부터 했던 것 같아요. 한편으로는 딴생각하지 말고 공부나 더 열심히했으면 어땠을까 싶기도 하지만, 당시의 저는 이상적인 삶에 대한 상상을 많이 했어요. 많이 벌지도 많이 쓰지도 않지만 그 안에서 규모 있게 디테일을 잘 꾸리는 삶. 그게 제가 원하는 삶이었고, 지금도 크게 다르지 않아요. 다만 그 생각이 지금의 이 작고 열악한 집으로 구현된 거죠. 오시는 길에 보셨겠지만 엘리베이터도 없고, 역세권도 아니고요. 속아서 산 게 아닌 이상 그런 조건을 모르고 선택했을 리는 없잖아요. 저는 그런 선택을 하는 사람인 거죠.

흔히 말하는 모범 답안과는 한 발 비켜서 선택해 보니 이전과 다르게 보이는 것들도 있던가요?

돌이켜 보면, 제가 이 집에 오기 전 독립을 고민하던 시점에는 제 또래의 같은 업계 직업을 가진 사람들은 대체로 비슷한 경로를 따랐던 것 같아요. 어느 정도 돈을 모으고, 가능하면 지원을 받거나 전세자금 대출을 활용해 직장과 가까운 오피스텔에 들어가거나 청약을 염두에 두며 결혼을 준비하는 식의 삶의 매뉴얼 같은 게 있었죠. 저 역시 그 흐름을 따랐을 수도 있고요. 만약 그랬다면 지금의 삶은 꽤 달라졌을 거예요. 그렇다고 해서 제가 사는 방식이 맞고, 한국 사회에서 흔히 말하는 모범 답안 같은 삶이 틀렸다고 말하는 건 전혀 아니에요. 사실 이렇게 살기 전에는 저도 '왜 저렇게 살아야 하지? 재미없어 보이는데.' 같은 생각을 했어요. 그런데 막상 제 나름대로의 자원과 시간, 노력과 고민을 쏟아 지금의 삶을 선택해 살아보니, 모범 답안으로 불리는 삶이 가진 효율성과 그 효율성이 만들어내는 편안함과 안정감이 얼마나 큰 장점인지 오히려 긍정하게 되더라고요.

월셋집에서 살다가 이 집을 만나고, 매매까지 이어졌어요. 이 집이 1971년에 지어진 집이타고요.

맞아요. 당시가 지금에 비하면 집값이 전반적으로 훨씬 저렴했어요. 그 무렵 제가 살던 월셋집에서 수리 문제가 생겼는데, 그걸 해결하는 과정에서 집주인과 비용 문제로 의견 차이가 있었죠. 그 일을 겪으면서 '내 집이 있다면

이런 상황에서 조금은 더 편안하고 자유롭지 않을까.' 하는 생각을 하게 됐어요. 막연하지만 마음 한편에 그런 생각이 쌓여가던 때였죠. 그러던 차에, 동네에 '이 가격에 나와도 되나?' 싶을 만큼 저렴한 집이 하나 나왔어요. 직접 와봤더니 실제로 존재하는 집이었고, 당시 제가 모아둔 돈과 은행 대출만으로 구매가 가능한 상황이었고요. 그래서 어느 순간 '에라, 모르겠다.'는 마음으로 결정하게 됐어요. 재정적인 이유도 있었지만, 그와 동시에 이 집이 무척 마음에 들었던 것도 컸어요. 위치가 좋았고, 지대가 높아 전망이 트여 있어요. 층고가 높은 점도 마음에 들었고요. 무엇보다 조용한 분위기가 좋았어요. 오래된 집이고 단지가 작아서 재개발 가능성이 낮겠다고 판단한 점도 이 집을 선택한 이유 중 하나였어요. 저는 오래오래 갈 수 있는 곳에 살고 싶었거든요. 그 마음은 지금도 크게 달라지지 않았고요.

이 집 또한 직접 수리를 하셨잖아요. "도면을 드린 디자이너가 없었다는 점"과 "의뢰인이 곧 본인이었다는 점"을 특징으로 꼽아주셨어요. 이 조건들이 이 집의 성격을 어떻게 만들었다고 보세요?

디자이너의 부재가 이 집의 성격을 거의 결정했다고 생각해요. 보통 디자이너가 있으면 도면을 그리면서 공간에 대한 예측과 상담을 함께 해주잖아요. 예를 들면 아주 기본적인 전기 위치 같은 것들이요. (뒤에 있는 벽을 가리키며) 이 벽도 지금은 빈 벽인데, 공사 당시에는 전기를 전부 새로 놓을 수 있는 상태였거든요. 그런데 그 시점의 저는, 전기를 어디서 어디로 빼야 할지를 미리 상상하지 못했어요. (주방 쪽에 있는 콘센트를 가리키며) 그래서 저렇게 보시면 콘센트가 두 개가 있는데, 위에 있는 콘센트는 이사 온 뒤 한 번도 써본 적이 없어요. 집수리 사장님이 보통 이쯤에는 냉장고가 들어갈 거라고 배려 차원에서 만들어주신 거죠. 그런데 저는 그 위치에 냉장고를 두지 않거든요. 이런 식으로 디자이너가 있었다면 하지 않았을 실수들이 좀 있죠.

첫 집인 2층 월셋집에서도 직접 내부를 고치며 사셨고, 지금 집에서도 마찬가지인데요. 어떤 차이가 있나요?

그때는 집수리의 기초 중의 기초만 한 셈이었어요. 배관이나 전기는 거의 건드리지 않았고, 벽지나 화장실 공사처럼 비교적 단순한 작업 위주였죠. 반면 지금 집은 공사 단위가 훨씬 커졌어요. 칠거를 한 번 새로 했고, 공동주택 리노베이션에서 가장 큰 단위의 작업이라는 창문 교체부터 시작했거든요. 그러다 보니 자연스럽게 고민해야 할 일도 많아졌고, 제가 직접 관여해야 하는 부분도 늘어났죠.

그 과정을 지나오며 '내가 원하는 주거 공간은 이런 곳'이라는 나름의 정의가 생기기도 했을까요?
2020년대 버전의 저를 기준으로 말하자면요. 일단 집에 책이 많은 편이라, 책을 오래 보관할 수 있는 집을 원했어요. 책등이 바래지 않고 오랫동안 상태를 유지할 수 있는 공간이요. 그래서 이 집이 북향이라는 점이 오히려 구매를 망설이지 않게 만든 이유이기도 했어요. 이 집을 보면 큰방 하나를 제외하고는 대부분 북향이에요. 작은방 북향, 화장실 서향, 큰방은 남향. 거실을 비롯한 나머지 공간들은 거의 다 북향이죠. 북향이면 직사광선이 강하지 않아서 가구나 책이 덜 바래잖아요. 그리고 집을 고쳤을 때 오래 버틸 수 있도록 기본 구조, 그러니까 원판이 튼튼한 집이 제가 원하던 주거 공간이었어요. 이 집은 그런 조건을 갖추고 있었고, 그래서 저는 이곳을 선택한 거죠.

살아보니 예상하지 못했던 불편함이나 어려운 점도 있었어요?
있긴 있었어요. 다만 해결된 것도 있고, 제가 익숙해진 것도 있는데요. 해결된 건 단수 문제예요. 이 집이 오래된 집이라 수도가 한 세대씩 독립돼 있지 않고, 한 라인으로 들어오거든요. 이사 올 때부터 아래층에서 물을 쓰면 위층에서 물이 안 나올 수 있다는 이야기를 듣긴 했어요. 실제로 그런 경우가 있었고요. 특히 연휴처럼 사람들이 집에 오래 머물 땐, 아래층에서 씻고 위층에서 빨래를 돌리면 제 쪽에서 물이 안 나오는 상황이 생기기도 했어요. 제가 늘 물을 틀어놓는 편은 아니라 괜찮았지만, 씻고 바로 외출해야 할 때는 조금 곤란했죠. 그런데 알고 보니 수도 라인이 워낙 오래돼서 물이 많이 새고 있던 거예요. 그래서 지난 늦가을에 건물 전체 수도 라인을 한 번에 새로 공사했어요. 그 이후로는 물이 거짓말처럼 콸콸 나와서, 지금은 그 부분에서 전혀 불편함 없이 지내고 있습니다. 그 외 예상 밖의 불편함은 별로 없어요. 주차가 애매하고 엘리베이터가 없다는 점, 택시가 잘 안 잡힐 때가 있다는 점 정도가 있지만, 이건 예상 밖의 불편은 아니었어요. 그런 동네는 서울에 워낙 많기도 하고요. 아침에 지갑을 두고 나와서 다시 20분을 걸어 올라가야 했던 적은 있죠. 하지만 그것도 몰랐던 조건은 아니었고, 누가 속인 것도 아니니까요.

결국 자신에게 필요하고 필요하지 않은 게 무엇인지 아는 게 중요해 보여요. 에디터님은 자신의 기호를 아는 것이 중요하다고 생각하세요?
저에게는 중요한 일인데요. 동시에 전혀 중요하지 않다고도 생각해요. 이걸 중요하게 생각하는 사람들과 비슷한 관심사를 공유하니까 오래, 재미있게 이야기를

나눌 수 있겠죠. 하지만 그런 요소가 없다고 삶이 건조해지거나 재미없어진다고는 생각하지 않아요. 빅터 프랭클이 《죽음의 수용소에서》에서 극한의 상황 속에서는 인간의 취향이나 개별적인 개성이 그다지 중요하지 않게 느껴진다는 이야기를 쓴 적이 있잖아요. 저는 그 말에 점점 더 공감하게 돼요. 이렇게 살지 않아도 사람은 각자 개성을 가지고 있고, 반대로 아주 잘 꾸며진 삶을 살아도 개성 없는 사람도 있거든요. 요즘 사회를 보면 '액세서리처럼 소비되는 개성'을 권하는 분위기가 있잖아요. 와인도 알아야 하고, 커피도 알아야 하고, 디자인 가구나 옷, 신발도 어느 정도는 알아야 하는 것처럼요. 물론 자기가 원하는 걸 추구하는 건 무엇이든 괜찮다고 생각해요. 다만 그런 것들이 또 하나의 스펙처럼 요구되는 순간에는, 저는 그다지 공감이 되지 않더라고요.

에디터님은 스스로의 기호에 대해 아는 게 중요하다 했는데, 자신의 기호를 조금씩 알아가게 된 방식이 있을까요?
지금 생각해 보면 저는 인생을 꽤 허비했기 때문인 것 같아요. 누구나 삶의 시간과 자원이 유한하잖아요. 어떤 사람들은 그 시간을 잘 살기 위해 공부를 열심히 하거나, 기술을 쌓고 돈을 벌죠. 그런데 저는 그런 것들에 상대적으로 관심이 덜 했던, 꽤 나태한 청소년이자

청년이었어요. 늘 예산은 한정돼 있었지만, 그렇다고 빚을 내서 비싼 걸 사고 싶지는 않았어요. 그러다 보니 자연스럽게 '이 예산 안에서 나는 무엇을 취할 수 있을까?'를 계속 고민하게 됐고요. 그 과정에서 유행하지 않거나, 이미 유행이 지난 물건들 가운데서도 제 눈에는 괜찮고, 나름의 의미가 느껴지는 것들을 찾게 됐죠. 그렇게 선택한 것들이 하나둘 쌓이면서 지금의 제 기호가 만들어진 게 아닐까 생각해요.

집을 매개로 자신의 이야기를 드러내는 일은 에디터님에게 어떤 경험이었을지 궁금해요.
저는 원래 제 이야기를 드러내는 걸 썩 좋아하는 사람은 아니에요. 에디터로서 질문하는 쪽이 편하고, 카메라가 있다면 렌즈 뒤에 있고 싶은 사람이죠. 그런데 집에 대한 책을 내면서, 제 생활을 공개하는 데 일종의 내성이 생기더라고요. 여전히 내키지는 않지만, 이미 한 번 세상에 나왔으니까요. 제가 잡지사에서 일하다가 프리랜서로 일하게 되면서 지금 살고 있는 집 공사가 계속 미뤄졌고, 그 과정에서 생각보다 많은 비용을 쓰게 됐어요. 정신을 차리고 보니 어떻게든 회수하지 않으면 안 되겠다는 생각으로 《서울의 어느 집》이라는 책을 내게 된 거예요. 아주 현실적인 선택이었어요.

보통 책을 여러 권 냈다고 하면, 자기표현에 익숙하고 그걸 즐기는 사람이라고 생각하기 쉽잖아요. 자기표현이 목적이 아닐 때, 하나의 글이나 콘텐츠가 완성되었다고 판단하는 기준은 무엇인가요?
논픽션의 경우라면, 저는 그 안에 담긴 정보의 밀도와 주제의 명확함을 가장 중요하게 봐요. 이를테면 '빵'을 주제로 책을 쓴다고 하면, 좋은 빵이 무엇인가에 대해 얼마나 깊이 질문하고, 그 질문을 통해 나름의 정의를 제대로 내릴 수 있는지가 중요하다고 생각해요. 그리고 그 정의를 뒷받침하는 재료가 충분한지도 봐요. 사례나 코멘트, 문헌 자료 등이 논지를 잘 지지하는지, 결국 이 사람이 말하고자 하는 주제가 분명하고, 그 논지를 구성하는 재료들이 탄탄한지요. 저는 그런 지점에서 원고라는 하나의 '상품'이 기술적으로 완성도가 있다고 느껴요. 그래서 저는 그런 완성도를 추구하려고 하고요.

그렇다면 정보 전달이 목적이 아닌 글, 이를테면 개인적인 이야기가 중심이 되는 경우에는요?
제 책 중에서 정보 전달이 주된 목적이 아닌 경우라면, 《첫 집 연대기》 정도가 떠오르는데요. 그런 책 역시 결국은 출판사와의 계약 안에서 만들어지는 결과물이잖아요. 솔직히 말하면, '독자'를 상상하는 일은 저한테는 굉장히 막연해요. 독자를 직접 만날 기회가 생긴다고 해도 여전히 그렇고요. 반면에 출판사와의 관계는 굉장히 명확해요. 편집자나 출판사 대표가 이 책에서 무엇을 기대하는지, 어디까지를 합격선으로 보는지가 분명하거든요. 그래서 저는 그들이 원하는 것, 혹은 그들이 설정한 기준에 도달하는 결과물을 만드는 것이 중요하다고 생각해요.

예전에 직업을 오래 지속하게 만드는 정신적 요소 중 하나로 '재미'를 말씀하셨어요. 에디터님은 일하면서 언제 재미를 느껴요?

저는 현장에 나가 취재할 때, 사람을 만나 이야기를 들을 때가 가장 재미있어요. 솔직히 말하면 글 쓰는 일은 그렇게 재미있진 않아요. 지루하고, 집중도 잘 안되고, 불안하기도 하고요. 지금 쓰는 글이 제대로 가고 있는지, 아닌지 알 수가 없으니까요. 정답도 없는 것 같고요.

현장 취재가 특별히 좋은 이유는 무엇이에요?

현장은 늘 상상을 벗어나 있기 때문이에요. 에디터님도 지금처럼 이렇게 저를 만나 이야기를 나누다 보면, 대화가 어디로 흘러갈지 모를 때가 있잖아요. 그 예측할 수 없음이 저는 굉장히 좋아요. 저는 제 일을 '생활 정보를 편집하고 생산해서 사람들에게 전달하는 일'이라고 생각하는데요. 그 정보가 만들어지는 가장 앞단에 서 있을 수 있다는 점이 늘 영광스러워요. 사람들은 대부분 이미 정제되거나, 가공되거나, 때로는 왜곡된 정보를 접하잖아요. 그런데 현장에 가면, 정보가 만들어지는 바로 그 순간을 볼 수 있어요. 그건 굉장한 특권이라고 생각해요.

일에서 갖는 비전도 있어요?

좋은 생활 정보는 사람들의 삶에 도움이 될 거라는 비전이요. 여행 콘텐츠를 예로 들어볼게요. 여행에 관한 콘텐츠는 형태가 무엇이든 누군가는 그걸 보고 실제로 따라갈 수 있잖아요. 그런데 만약 추천한 코스를 그대로 따라갔는데, 막상 가보니 별로라면요. 예를 들어 '베트남의 어디에 가서 이 코스를 따라가면 좋다'고 해서 갔는데, 전혀 그렇지 않은 경우요. 저는 그런 상황이 너무 겁나요. 왜냐하면 여행이라는 게, 저 같은 보통 사람들의 삶에서 그렇게 자주 있는 일이 아니잖아요. 어떤 사람은 몇 달 동안 200만 원을 모아서 겨우 한 번 떠나는 여행일 수도 있어요. 그만큼 큰 결정을 하게 만드는 정보인데, 제가 대충 다녀오고 기계적으로 정리한 결과물 때문에 누군가가 그런 선택을 하게 된다면, 그건 제 성향상 내키지 않는 일이에요. 그래서 생활 정보에 가까운 콘텐츠를 만들 때는 최대한 충실한 정보를 담고 싶어요.

에디터님이 그동안 직접 인터뷰하고 쓰신 글들을 쭉 봤어요. 인터뷰 말미에 자주 던졌던 질문 중 하나가 "어떤 사람으로 남고 싶은가?"였더라고요. 반대로 묻고 싶어요. 에디터님은 주변 사람들에게 혹은 스스로에게 어떤 사람으로 기억되고 싶으신가요?

저는 에디터 실무를 하는 사람이니까요. 이 일을 하는 사람들 바깥까지 기억될 거라고는 생각하지 않아요. 그냥 좋은 동료로 기억된다면, 그것만으로도 정말 감사하죠. 예를 들면 "저 친구 잡지 재밌게 만들었지.", "그래도 일은 나름 재미있게 하려고 했지.", "완전히 맹탕은 아니었지." 이 정도만 돼도 저는 충분히 감사할 것 같아요.

《서울의 어느 집》

박찬용 | 에이치비 프레스

"그런 현실의 서늘함을 느끼던 삶의 어느 시점에 나는 이 집을 만났다. 내 삶도 어떻게 될지 모른다. 앞으로의 삶이 여러 이유로 내가 원하는 대로 되지 않을 수도 있다. 그렇기 때문에 낡은 집 하나라도 하고 싶던 대로 실제로 구현해 보고 싶었다. 소소하나마 내가 좋아하는 것을 한 번쯤은 실행해 보고 싶었다."

영상을 통해 보연의 집에 초대된 손님들은 이곳에서 하루를 함께 보낸다. 매일 정성스럽게
차리는 식탁과 차분히 가꾼 집을 지켜보다 보면, 왠지 모를 편안함이 찾아온다.
그 자연스러운 기분에 이끌려 어느새 다시 문 두드리게 되는 이곳. 보연은 그렇게 찾아온
우리를 기꺼이 맞이하며 조용히 묻는다. 당신은 어떤 것을 좋아하는 사람이냐고. 은은한
빛이 스미는 집에 머무는 동안, 어느새 내가 좋아하는 것을 좀 더 눈치챈 기분이다.

나의 소담한 터에 초대할게요

보연―리빙 크리에이터

에디터 차의진 포토그래퍼 박은비

만나서 반가워요. SNS에서 보연 씨의 이야기를 즐겁게
접해왔어요.

안녕하세요. 혼자 사는 일상을 기록하고 있는 보연입니다.

리빙 크리에이터라는 직업을 생소하게 느끼는 분들도
있을 텐데요. 소개를 부탁해요.

리빙 크리에이터라고 하면 예쁜 가구나 소품을 추천하는
사람을 많이들 떠올리실 거예요. 하지만 저는 제가 집에서
살아가는 태도를 기록하는 사람에 가깝다고 생각해요.
완성된 결과를 보여주기보다는 집 안에서의 과정이나
시간의 결이 더 많이 담기는 콘텐츠를 만들고 있거든요.

유튜브 채널명은 '아침보연저녁'이에요. 뜻이
궁금했어요.

그 전에는 채널명으로 인스타그램 아이디와 같은
'뽀하우스bbohouse'를 사용했는데, 사람들이 기억하기
쉽지 않다는 생각이 들었어요. 그러던 차에 지금 이름이
문득 생각났고요. 아침, 점심, 저녁은 시간과 끼니를
의미해요. 저는 일상을 콘텐츠에 담는 사람이자 특히
요리 콘텐츠를 주로 만드는 사람이잖아요. 그래서 아침,
점심, 저녁이라는 시간 속에 담긴 나를 나만의 방식으로
풀어내고 싶어서 이 이름을 선택했어요.

집과 잘 어울리는 산뜻한 이름이에요. 일상을 기록할
때는 어떤 마음과 태도로 임하고 있어요?

살아가면서 가장 어려운 일은 나 자신과 잘 지내는 거라고
생각해요. 제가 일상을 기록하는 이유도 나랑 더 잘
살아가기 위해서이기도 하고요. 기록이 쌓이다 보면 내가
무엇을 좋아하는지, 어떤 순간에 가장 행복해지는지가
선명해져요. 요즘은 유난히 타인에게 관심이 쏠리는
시대잖아요. 내가 하고 싶은 것보다 사회적인 성공의
기준을 좇는 사람들도 많고요. 제 콘텐츠를 보며
사람들이 '보연은 이런 걸 좋아하는 사람이구나.' 하고
지나치기보다, '나는 뭘 좋아하지?' 하고 스스로에게
질문할 수 있었으면 해요.

자신을 종종 '집순이'라고 부르던데요. 집을
좋아하나요(웃음)?

제 친구들 중에서는 제가 가장 집에 오래 있는 편인 것
같아요(웃음). 나가는 날은 일주일에 한두 번? 분리배출도
오랜만에 외출할 때 해결할 만큼 집을 좋아하죠. 일어나면
보통 요리하면서 촬영을 해요. 겨울이라 아침에 해가 많이
들어오거든요. 그 뒤로 저녁 먹을 때를 제외하면 운동을
하거나 영상 편집을 하고, 업무를 처리하면서 하루를
보내요. 틈이 나면 책을 읽거나 일기를 쓰고요.

집에 오래 머무는 사람으로서, 집에서만 얻을 수 있는
기분이나 가치는 뭐라고 생각해요?

저는 타고나기를 주변 환경에 영향을 많이 받아요. 그래서
밖에 나가면 아무리 좋은 공간이라도 이유를 알 수 없는
스트레스를 받는데, 집에서는 그런 것들이 완화되고
안정감이 들죠. 그리고 집에서는 모든 걸 제가 예측할
수 있고, 스스로 선택할 수 있으니까 편안함을 느껴요.
그러니까 저한테 집은 스트레스를 누그러뜨리고 최고의
안정감을 찾을 수 있는 공간이에요.

혼자 살다 보면 밥을 지어 먹기가 쉽지 않은데요. 보연
님은 손이 많이 가는 음식도 자주 해 먹는 것 같아요.

잼 만들기도 좋아하고, 만두도 직접 빚어 먹어봤어요. 손이
많이 가서 그 이후로 다시는 안 하지만요(웃음). 원래는
이렇게 요리에 관심이 많진 않았어요. 대학교 4년 내내
자취를 하면서 배달 음식, 라면을 자주 먹다 보니 몸이
완전히 망가졌죠. 그때 내가 오늘 먹은 것들이 내일의 내가
된다는 걸 실감했어요.

그럼 본격적으로 요리를 하게 된 건 언제부터였어요?

막상 대학을 졸업하고는 부모님과 함께 살게 되면서
제가 직접 요리를 할 일이 많지 않았고, 취업 후에 직장
위치 때문에 이 집에 이사를 오면서 요리를 시작했어요.
평일에는 삼시 세끼를 회사에서 먹으니까 주말이라도
스스로 밥을 해 먹자는 마음이었죠. 회사 다닐 때 바빠서
건강이 많이 안 좋아지기도 했고요. 퇴사 후에는 잘 먹는
걸 최우선 목표로 삼고 먹는 기쁨보다 요리하는 과정에서
즐거움을 찾게 되었어요. 하루 중 나를 위해 쓰는 시간은
생각보다 많지 않아요. 그런데 요리할 땐 온전히 나를 위해
시간을 쓰게 되어서 나를 더 아껴주는 기분이죠. 그래서
나를 위한 식탁 차리기를 좋아하게 되었어요.

꾸준히 요리하는 것도 과정에서 느끼는 즐거움
덕분일까요?

네. 재료부터 양념까지 모두 다 제 선택이니까, 실패해도
내가 먹으면 그만이라는 마음으로 음식을 만들어요.
새로운 시도도 얼마든지 해볼 수 있고, 건강을 위해 더
좋은 재료를 선택할 수도 있고요. 그런 과정이 제 삶을
들여다보는 계기가 되어서 요리를 재밌게 느끼게 돼요.

혼자 사는 사람들의 최대의 적은 귀찮음이 아닐까
싶어요(웃음). 보연 씨가 귀찮음을 다루는 방법을
들려주실래요?

나하고 약속을 정해요. 수납장에 수건이 세 장 남았을 때
빨래하기, 토요일 오후에는 꼭 대청소하기, 설거지는

자기 전에 무조건 끝내기. 이런 규칙이 몇 가지 있어요. 규칙을 안 지킨다고 해서 큰일 나는 것도 아니고 내일의 내가 그 일을 하면 되지만, 나와의 약속을 지켰을 때 작은 성취감이 생기더라고요. 작은 성취감이 쌓이면 다른 일에 도전할 때도 긍정적인 요소로 작용한다고 생각해서, 최대한 약속을 지키면서 살아가려고 해요.

저는 집에서 스스로 만든 규칙을 지키기 어려워하는데, 무척 부러워요.
제가 가만히 못 있는 성격이라 그런 것 같아요(웃음).

콘텐츠에 "힐링 된다"는 반응이 많았어요. 우리가 누군가의 예쁜 집이나 살림하는 모습을 지켜보면서 편안함과 만족을 느끼는 이유가 뭘까요?

시작했는데요. 제가 올린 침구 사진을 시작으로 사람들의 반응을 얻으면서 갑자기 계정이 성장하게 되었어요.

그 이후로 어떤 이유에서 본격적으로 콘텐츠를 업로드했나요?
계정을 운영하던 당시 공무원 시험을 준비하고 있었어요. 수험 생활은 힘들었는데, 계정에서 얻는 재미 덕분에 위로를 많이 받았어요. 기록의 즐거움을 체감하면서 꾸준히 기록을 이어갔죠.

원래 꿈은 공무원이 아니라 그림 그리는 사람이었다고 알고 있어요.
'장래 희망'의 사전적 의미를 알게 되었을 무렵부터 미술과 관련된 일을 하고 싶었어요. 어릴 때는 장래 희망을 적는

그 사람의 삶이 부럽거나 동경할 만해서라기보다는, 영상을 보는 시간만큼은 내가 그 일상을 체험하는 듯한 기분이 들어서가 아닐까요? 제 콘텐츠를 봐주시는 분들도 같은 이유로 편안함을 느끼는 것 같고요. '동행감'이라는 말로 표현할 수 있을 것 같아요.

크리에이터 생활의 시작이 궁금해요. 집 기록은 어떻게 하게 되었나요?
제가 처음 SNS에 집을 공유하기 시작한 2019년만 해도 비슷한 계정이 많지 않았어요. 그래서 인플루언서가 되고 싶다거나 이 계정으로 수익을 내고 싶다는 생각은 전혀 없었죠. 시작은 그해 이사를 가면서 제 방이 처음으로 생긴 것이 계기였어요. 그 전까지는 제 공간이라고 할 만한 방이 없었거든요. 모든 걸 내 취향대로 꾸밀 기회가 찾아오면서 기쁜 마음에 친구들에게 보여주려고 집을 기록하기

칸에 미술 선생님이나 패션 디자이너를 썼고요. 창작하는 일에 관심이 많았던 것 같아요. 제가 초등학생일 때는 인터넷 소설이라는 게 인기가 많았는데요(웃음). 공책에 소설 써서 친구들이랑 돌려보고, 스케치북에 만화도 그리곤 했어요.

그러다 어떻게 공무원으로 진로를 정하게 된 거예요?
미술과 관련된 꿈은 중학생 때 포기할 수밖에 없었거든요. 미대에 가려면 입시 준비를 해야 하는데, 당시에는 가정 형편이 그럴 상황이 아니었어요. 그때부터 장래 희망을 크게 생각하지 않고 '고등학교 다음은 대학, 다음은 취업'이라는 정해진 루트를 따라가면서 살았어요. 미술 다음으로 국어를 좋아하니까 국어국문학과에 진학했고요. 대학 생활은 즐거웠지만 진로에 대한 답은 졸업 후에도 찾지 못했어요. 공기업 준비하는 친구 따라 1년 같이

공부하다가, 공무원 시험 준비하는 친구가 저도 잘할 것 같다길래 한번 해볼까 싶어서 도전했죠. 단기간에 집중해서 성과를 내는 일에는 자신 있었거든요. 그런데 정신적으로 너무 힘들었어요. 밤마다 울었고요.

그때 무엇이 가장 힘들었어요?
합격이 될지 안 될지 모르는 거요. 친구들은 대부분 취업해서 회사를 다니는데, 저만 뒤처지는 것 같은 기분도 들었어요. 남과 나를 많이 비교하면서 저 자신을 계속 구렁텅이 안으로 집어넣었던 거죠.

그 후 콘텐츠 마케터로 직장 생활을 시작했죠. 어떤 마음에서 내린 결정이었어요?
꼭 콘텐츠 마케터가 되어야겠다는 생각은 아니었고, 그나마 내가 가진 경험과 맞닿은 일이고 또 좋아하는 일에 가까우니까 콘텐츠 마케터를 직업으로 삼아봐도 괜찮겠다는 가벼운 마음이었어요. 그렇게 들어간 첫

판매해야 할 때는 회의감도 느꼈어요. '내 것'을 하고 싶다는 생각이 점점 강해지더라고요. 주말에는 개인 계정을 계속 운영했지만, 쉬는 날이 없으니 좋아하는 일을 하고 있는 것 같아도 행복하지가 않았고요. 그때 많이 혼란스러웠어요. 내가 진짜 하고 싶은 건 뭘까, 내가 좋아하는 건 뭘까, 많이 고민하다가 회사를 그만두자는 결론에 이르렀죠. 여태까지 온전히 나를 위해서 선택한 게 없더라고요. 이번만큼은 나를 위한 도전을 해보자는 마음이었어요.

퇴사에 대한 고민이 길어진 이유가 궁금해요. 그럼에도 새로운 도전을 포기하지 않았던 이유도 들려주실래요?
안정적인 직장이 있는데 아무것도 보장되지 않는 삶에 도전하는 게 맞는지에 대한 불안감이 컸어요. 그런데 한 살이라도 젊을 때 실패를 하는 게 맞겠더라고요. 그래서 1년만 해보자는 생각으로 직장 생활을 그만두었어요. 가족들 응원도 큰 힘이 되었고요.

회사에서 SNS 관리를 맡았고, 그다음 회사에서는 콘텐츠 마케터라는 직무를 정식으로 담당하게 되었죠. 사진 촬영, 영상 편집, SNS 관리까지 콘텐츠와 관련된 모든 일을 담당했어요. 이커머스 플랫폼 회사라 안 다뤄본 제품이 없었죠. 전자 제품, 식품, 뷰티…. 그때 경험이 지금 콘텐츠를 만드는 밑거름이 됐어요.

직장 생활을 경험해 보니 어땠어요? 좋아하는 일을 하는 삶과 가까워지고 있다고 느꼈나요?
콘텐츠에 대한 반응을 소비자들에게 즉각적으로 받을 수 있어서 기뻤어요. 내가 진짜 콘텐츠 만들기를 좋아한다는 것 하나는 확실히 알았죠. 하지만 제가 관심 없는 제품을

좋아하는 일을 하는 삶은 이제 보연 씨에게 어떤 의미인가요?
좋아하는 일을 하면서 살아간다는 건 용기를 내는 거예요. 남들이 정한 기준에서 조금이라도 벗어나서, 내가 선택한 삶을 걸어가는 건 용기가 필요한 일이잖아요.

요즘 보연 씨의 꿈은 뭔지 궁금해져요.
거창한 꿈은 아직 없지만, 현실적으로 생각했을 때 지금의 속도와 제가 좋아하는 리듬 안에서 이 일을 최대한 오래 하고 싶어요. 지금처럼 촬영하고 편집하고, 무언가를 만들고 기록하고…. 삶을 나만의 언어로 설명할 수 있는 사람이 되는 게 꿈이에요.

이 일을 오래 지속해서 할머니가 된다면, 그때는 어떤 집에 살고 있길 바라요?
예전부터 어렴풋이 떠올려본 건, 큰 창이 있고 그 밖으로 자연이 펼쳐져 있어서 사계절의 변화를 실감할 수 있는 집이에요. 자연을 액자로 둔 집이랄까요. 그 상상이 좀 더 선명해진 계기는 박성희 작가님의 책 《집의 일기》였어요. 작가님이 일흔 살에 처음이자 마지막으로 살 집을 짓고 자연에서 생활하는 일상을 담은 에세이인데요. 그 책을 읽으면서 '내가 나이 들어서 살고 싶은 삶은 이런 것이구나.'라고 생각했어요. 저도 작가님처럼 자연 곁에서 꾸밈없는 삶을 살고 싶어요.

집에서의 일상을 소중히 여기는 만큼 사적인 공간에서의 생활을 콘텐츠에 담고, 또 사람들에게 보여주는 것에 대한 부담도 있을 것 같아요.
물론 부담이 있어요. 일과 일상이 분리되지 않으니까요. 집에서 무언가를 해야 할 때도 기록을 남겨야만 할 것 같은 기분이 들어요. 그래서 촬영하는 날과 하지 않는 날의 경계를 명확히 두려고 노력해요. 예를 들어 날씨가 좋아서 해가 잘 드는 날은 무조건 촬영을 하고, 흐린 날은 편집만 하기로 정해두었어요.

크리에이터로서 요즘 겪는 고민도 있어요?
성격상 쉬면 불안해서 자기 전까지 일을 계속해야 오늘 하루를 잘 보냈다는 생각이 들어요. 저도 고치고 싶은 부분이라 쉼의 빈도를 높이려고 해요. 그리고 콘텐츠에 정답이 없다는 것도 어려운 부분이에요. 저라는 사람을 어떻게 보여드려야 많은 분들에게 자연스럽게 다가갈지에 대한 고민을 계속하고 있어요.

크리에이터로서 끝나지 않는 고민이겠지만, 보연 씨만의 정답을 찾아가고 있다고 생각해요. 집을 선택할 때는 무엇을 기준으로 하나요?
집은 저를 표현하는 최고의 수단이에요. 그래서 누군가 제가 어떤 사람인지 물었을 때 집을 보여주면 한 번에 설명할 수 있다고 생각해요. 그래서 집을 고를 때도 투자 가치보다는 그 공간에 저를 드러내면서 오래 살 수 있는지를 제일 중요하게 고려해요. 그런 점에서 이 집이 만족스러워서 오래 살고 싶어요.

나만의 취향대로 집을 꾸미려면 많은 물건을 사야만 할 것 같은 기분이 들어요. 그런 사람들을 위한 팁이 있을까요?
여기 있는 가구들은 부모님과 함께 살던 집에서 가져와 5년 넘게 사용하는 게 대부분이에요. 이사를 앞두거나

새로운 공간을 준비하고 있다면 뭔가를 당장 채우려고 하기보다 나를 알아가는 시간을 보내셨으면 해요. 내가 뭘 좋아하는지, 어떤 공간에 있을 때 편안함을 느끼는지 알고 공간을 꾸며야 그곳이 오래갈 수 있어요. 그래서 저는 카페나 식당을 찾아가 보는 걸 좋아해요. 오래 머물고 싶다는 감각을 느끼게 되더라고요.

마지막으로 보연 씨가 크리에이터로서 어떻게 나아가길 원하는지 묻고 싶어요.
지금까지는 저를 10퍼센트도 못 보여드렸다고 생각해서요(웃음). 인간 김보연의 모습을 있는 그대로 보여드리고 싶어요.

맛있게 먹겠습니다

보연이 차린, 보연만을 위한 소박한 식탁.

국수호박 비빔국수

안을 숟가락으로 파내면 속이 소면처럼 풀어지는
국수호박을 사용해 만들었어요.

배추된장국과 배추전

배추가 갑자기 많이 생긴 날의 메뉴예요.

가라아게와 오니기리

튀김용 냄비를 직접 사서 가라아게를 만들고,
어울리는 오니기리를 곁들였어요.

유자청

청 만들기를 좋아하는 제가 직접 만들었어요.

Interview

신당동의 주황색 원통형 주택에 들어서면 낯선 구조와 요소가 곳곳에 펼쳐진다.
남향으로 난 창은 유난히 작고, 북쪽을 향한 커다란 통창은 7미터가 넘는 천장까지
이른다. 거실을 감싼 나선형 계단 아래 숨겨진 작은 문 너머로는 놀이 공간이 나타나고,
안방 한가운데에는 세면대가 자리한다. 틀을 깨는 시도로 가득한 공간이지만, 이 집은
어쩐지 어색하지 않다. 낯설기보다 머무는 이들을 닮아 오히려 자연스럽고 포근하다.

달라도 우리답게

전선혜—젬앤페블스 · 서민범—교수

에디터 차의진   포토그래퍼 박은비

초대해 주셔서 감사해요. 강아지 쿠루가 입구부터 저를
반겨줬는데, 지금 제 가방을 열심히 탐색 중이네요.
민범 에디터님이 궁금한가 봐요(웃음). 쿠루는 아기
강아지인데 7개월 전부터 함께 살고 있어요. 제가 꿈꿔온
가족의 모습은 부부와 아이 둘, 강아지였는데 얼마 전
비로소 완성됐어요.
선혜 우롱차부터 드세요. 사진 촬영하는 동안 차가 조금
식었을 텐데….

음, 딱 좋아요. 이곳에 사는 두 분을 독자들에게 소개해
주실래요?
선혜 저는 아이 둘을 키우는 엄마이자 아내예요. (남편과
쿠루를 바라보며) 아니, 아이 넷이에요(웃음). 주얼리 브랜드
'젬앤페블스'를 16년째 운영하고 있습니다.
민범 아이 둘의 아빠이자 남편이고요. 건축가로 알려져
있지만 현재는 호서대학교에서 8년째 교양 과목을
가르치고 있어요. 얼마 전 방학을 했고 다음 학기도 수업을
이어갈 예정이에요.

다른 분야에서 꾸준히 걸어온 두 분이죠. 인연이 어떻게
시작되었는지 궁금해요.
민범 알고 지내던 프랑스인 친구가 있었어요. 어느 날
같이 밥을 먹자면서 친구 한 명을 더 데리고 와도 되겠냐고
묻길래 괜찮다고 했고요. 그 친구가 지금의 아내예요.
선혜 소개팅 자리도 아니었는데 그날 이후로 남편과
자연스럽게 만남이 이어졌어요. 내년이면 벌써 결혼
10년 차예요.

결혼 10년 차, 어떤 기분이에요?
선혜 함께 산 지 10년이나 됐다는 게 믿기지 않을 만큼
시간이 정말 빠르게 흘러간 것 같아요.
민범 아이들과 함께면 결혼 몇 년 차인지 따져볼 틈도 없이
하루하루를 보내게 돼요. 처음 아빠가 됐을 때는 하루에도
천국과 지옥을 몇 번씩 오가는 기분이었는데(웃음), 이제는
조금씩 안정기에 들어선 것 같아요.

집 기둥에 "MOVAN HOUSE(모반하우스)"라고 적혀
있던데요. 아이들 이름을 따서 지은 건가요?
민범 네, 맞아요. 일곱 살 딸 모아와 네 살 아들 반호의
첫 글자를 조합한 우리 집 이름이에요.

사랑스러운 아이들이더라고요. 고즈넉한 약수에는
어떻게 이르게 됐나요?
선혜 저희는 늘 집과 젬앤페블스 쇼룸이 모두 자연스럽게
어울릴 만한 동네에서 살았어요. 이전에는 한남동의
아파트에서 살았는데, 동네가 점점 개발되면서 저희가
좋아하던 운치가 조금씩 사라졌죠. 그래서 분위기와
편의성을 함께 갖춘 곳을 찾다가 약수에 와보게 됐고,
오래된 것과 새로운 것이 공존하는 동네라는 인상을
받았어요. 시장도 가깝고, 산책할 수 있는 공간도 많고요.
그렇게 이곳에 정착하게 됐죠.

이 집은 두 분이 디자인, 설계, 시공까지 전 과정에
참여해 완성된 집이죠. 처음부터 집을 새로 지을
계획이었나요?
선혜 그건 아니에요. 더 넓은 아파트로 옮길지, 오래된
빌라를 고쳐서 살지 여러 가능성을 두고 고민했어요.
그러다 차라리 집을 지어보자는 쪽으로 생각이
모아졌어요. 흔히 '몇 살에는 반드시 나만의 집을
갖겠다'는 목표를 이야기하는데요. 저희 부부에게 집을
짓는 일은 반드시 이루고 싶은 꿈이라기보다는, 우리가
원하는 방향으로 한 발짝씩 움직이다 보니 어느 순간
자연스럽게 가까워진 선택이었어요.

가족의 집을 지으면서 꼭 실현하고 싶던 바도 있었는지
궁금해요.
민범 틀을 깨고 싶었어요. 저는 교수로서 강의에서 늘
새로운 시도를 하고, 아내도 주얼리에 디테일을 더하며
계속 변화를 만들어가죠. 디자이너인 우리에게 '틀'이라는
건 애초에 존재하기 어려운 개념이라고 생각해요.
정해진 형식에 맞추기보다 우리가 원하는 집을 완성하고
싶었어요.
선혜 저도 같은 마음이었어요. 남들에게 보여주기 위한
멋진 집을 떠올리며 집 짓기를 시작한 건 아니었거든요.
우리가 이 집을 어떻게 바라보고, 이곳에서 어떤 영감을
받을 수 있는지가 더 중요했어요. 그래서 일반적인
집에서는 쉽게 시도하지 않는 구조나 인테리어도 기꺼이
선택했죠. 그 시도가 실패로 끝나더라도 괜찮다고
생각했어요. 그 과정을 거치며 무언가를 배우고, 또 다른
가능성을 얻을 수 있을 거라 기대했거든요.

그 시도 중 하나가 바로 옆에 보이는 통창이죠? 창이
아주 커다랗고 높아서 마음이 뻥 뚫리는 것 같아요.
선혜 북향으로 낸 통창은 한국의 일반적인 집과 가장 다른
부분이기도 해요. 보통 큰 창은 남향으로 내지만, 저희
집은 골목과 맞닿은 남쪽에는 작은 창만 내서 내부를
감췄어요. 익숙한 방법에서 벗어나 저희만의 방식을
시도해 보고 싶었거든요.
민범 통창이 있는 공간의 천장이 7미터가 넘어요. 이 정도
높이는 한국 주택에서 거의 보기 힘들죠.

선혜 부지가 크지 않다 보니 집을 옆으로 넓히기보다는
위아래로 확장할 수밖에 없었어요. 마침 오래전부터
개방감 있는, 천장이 높은 집에 살고 싶다는 바람도
있었고요. 그래서 설계 단계에서부터 천장을 높게 잡았죠.
그만큼 창도 크게 만들 수밖에 없었고, 유리 조각 역시
모두 다른 모양으로 제작해야 해서 쉽지 않았어요. 보통
이런 창은 크레인으로 들여놓지만, 부지 구조상 그것마저
불가능했어요. 결국 시공해주시는 분들이 직접 유리를
들고 계단을 오르내리며 집 안으로 창을 옮겨야 했어요.

**가구도 모두 맞춤 제작했다던데, 수고를 감내하며
우리만의 취향이 담긴 집을 만든 이유가 궁금해요.**
선혜 집은 특별한 날보다 반복되는 일상을 더 많이 담는
공간이에요. 그래서 눈에 띄는 요소보다, 손과 몸이
먼저 반응하는 디테일에 더 솔직해지게 됐죠. 문고리나
수전처럼 매일 무의식적으로 사용하는 것들이 타인의
기준이 아니라 우리의 감각으로 만들어질 때, 집 전체가
자연스럽게 우리 이야기를 하더라고요. 직접 제작하는
과정은 번거롭고 까다롭지만, 미닫이문이나 온실 창
모양처럼 쉽게 타협할 수 없는 지점들이 있었어요. 그런
디테일이 결국 이 집을 우리답게 만든다고 느꼈거든요.

**부부의 취향이 듬뿍 담겨서인지 어린아이들이 사는
일반적인 집과 많이 달라요. 계단도 많고, 아이들 방은
꼭대기 층에 있죠.**

선혜 아이를 위해 모든 것을 내어주는 집보다는, 어른의
삶도 존중받는 공간 안에 아이가 자연스럽게 존재하길
바랐어요. 그래서 아이 공간 역시 분리하기보다는
전체적인 흐름 안에 두었고, 대신 재료나 동선에서
안전함과 여유를 확보하려고 했어요. 아이들이 생각보다
잘 적응하고, 편안해하더라고요.

**아까 보니 아이들도 익숙하게 계단을 오르내리더라고요.
취향이 가득한 집에 살고 있는 기분은 어떠세요?**
민범 사실 집을 짓는 과정이 너무 힘들어서, 완공 이후에도
한동안은 이 집의 매력을 제대로 느끼지 못했어요.
"드디어 끝났다. 이제 좀 쉬자." 하는 마음이 더 컸죠.
그런데 아이들도, 이곳을 찾는 사람들도 이 집을 좋아해
주고 예쁘다고 말하는 걸 들으면서 이제는 집을 짓길 정말
잘했다는 생각이 들어요. 인생에서 한 번 경험할까 말까
한, 큰 배움을 얻은 시간이었어요.

**초기에 목표했던 틀을 깨는 집, 우리다운 집은
결과적으로 얼마나 실현이 된 것 같나요?**
선혜 완벽하게 실현됐다고 말하기보다는, 여전히 진행
중인 상태에 가깝다고 느껴요. 다만 확실한 건 이 집에서
살면서 남들이 어떻게 보느냐보다 우리가 어떻게
느끼느냐를 더 중시하게 되었다는 점이에요. 이 집은
우리를 드러내기 위한 공간이라기보다, 우리답게 숨쉬기
위한 공간이라는 생각이 자꾸 들어요.

**생활하다 보니 새롭게 발견하게 된 집의 매력이
있다면요?**
민범 공간과 사람이 닮은 지점을 발견하는 재미가 있어요.
결국 공간은 사람의 마음이 스며드는 곳이라고 생각해요.
지금 우리가 앉아있는 이 다이닝룸은 이 집에서 가장
오래 머무는 아내를 닮았어요. 밝고 단순해 보이지만
자연스럽고, 모든 것이 편안하게 자리를 찾고 있는
공간이죠. 반대로 제가 사용하는 방은 더 어둡고, 혼자
있어야만 할 것 같은 분위기예요. 서랍 속 물건들도 저만
아는 위치에, 제 방식대로 들어가 있고요. 그런 차이를
포착하는 게 재밌어요.
선혜 음… 남편 방은 정리가 잘 안되어 있다는
뜻이에요(웃음).

**(웃음) 간단히 들려주셨지만, 부부의 성향이 꽤 다른가
봐요.**
민범 정말 다르죠. 저는 큰 그림을 먼저 그리고 그 안에서
디테일을 챙기는 편이에요. 반면 아내는 아주 작은 것부터
시작해 그림을 키워나가요. 디테일을 다룰 때도 저는

세부적인 건 다른 사람과 함께 완성해 가거나, 저보다
잘할 수 있는 사람한테 맡기는 게 편한데요. 아내는 가능한
선에서 모든 걸 직접 세심히 살펴봐야 해요. 저는 중간에
변수가 생겨도 괜찮은 편이지만, 아내는 의도한 결과가
정확히 나와야 하죠.

**아주 다른 두 분이 집을 지을 때 어떻게 의견을
맞춰갔나요?**

민범 아내를 고객처럼 생각하고 희망 사항을 최대한
반영하려고 했어요. 아내가 원하는 바가 있으면 현장에서
일하시는 분들과 소통하면서 무조건 실현해 내려고
애썼죠. 다만 비용이 많이 드는 경우에는 둘이 다시
상의하며 조율했고요.

선혜 처음부터 역할을 명확히 나누기보다는, 자연스럽게
각자 잘하는 쪽을 맡게 되더라고요. 남편은 구조와 논리에
강하고, 저는 생활의 감각이나 손에 닿는 디테일에 더
예민한 편이라 큰 틀과 작은 결을 서로 보완하듯 맡은
건데요. 제가 주얼리를 다루는 일을 하다 보니 다른 사람
눈에는 사소하거나 보이지 않는 부분도 그냥 지나칠 수가
없어요. 하지만 집을 지을 땐 모든 걸 제 뜻대로 하려고
하기보다는, 내려놓을 건 내려놓고 가능한 범위 안에서
해결책을 찾으려고 했어요. 모든 걸 완벽하게 할 수는
없다는 걸 어느 순간 깨닫게 되더라고요. 내려놓지 못하면
오히려 마음이 더 불편해졌고요.

의견을 모으는 과정에서 기억에 남는 일도 있을까요?

선혜 물론 의견이 엇갈릴 때도 있었는데, 그럴 때마다
누가 옳은지를 정하기보다는 이 선택이 우리의 일상에
어떤 감정을 남길지를 기준으로 다시 생각해 보려고
했어요. 벽난로가 그런 경우였어요. 저는 오래된 로망처럼
벽난로를 원했지만, 남편은 관리나 실용성을 이유로
반대했거든요. 결국 합의한 것이 에탄올 벽난로였고,
동그란 벽의 형태에 맞는 제품이 없어 모든 과정을
수작업으로 제작하게 되었어요. 벽난로는 자주 사용하진
않지만, 우리 집의 낭만을 담당하는 존재가 되었죠. 그런
선택들이 이 집을 조금 더 우리답게 만들었다고 생각해요.

**교수님의 SNS에 이런 문장이 있어요. "집에서 행복을
느끼는 자가 바로 행복한 사람." 어떤 의미인가요?**

민범 저는 자기 공간에서 행복하지 못한 사람은
어디에서도 쉽게 행복해질 수 없다고 생각해요. 그래서
집이라는 공간을 얼마나 '자기화'했는지가 중요하죠.
공간의 크고 작음과는 상관없어요. 우리는 왜 내 방이
편안한지, 왜 이 공간에서 마음이 놓이는지를 스스로 알고
있어야 해요. 단순히 '내 방이니까'가 아니라, 이곳에 이

물건이 있어서, 여기서 이런 시간을 보낼 수 있어서 같은
구체적인 이유 말이에요. 그런데 일 중심의 사회에서는
집에 와서도 여전히 불편함을 느끼는 사람들이 많죠.

**방금 공간의 '자기화'가 중요하다고 하셨는데, 어떻게
실천해 볼 수 있을까요?**

민범 경험을 하며 취향을 쌓고, 나를 알아가야 해요. 내가
무엇을 좋아하는지, 무엇을 봤을 때 눈이 반짝이는지를
알아채야 하죠. 그렇게 알게 된 취향을 공간에 하나씩
놓아보는 거예요. 그러다 보면 어느 순간 공간이 내가
되어 있어요. 나를 잘 아는 누군가가 그 공간을 보고
"딱 너네."라고 말한다면, 그 사람은 그곳에서 이미 충분히
행복을 누리고 있는 거라고 생각해요.

**대표님은 집에서의 행복을 위해 가장 필요한 건 뭐라고
생각하세요?**

선혜 저는 취향보다 태도인 것 같아요. 완벽하게 꾸며진
공간보다, 구성원들이 서로의 리듬을 침범하지 않는
태도요. 집은 결국 사람을 담는 그릇이라서, 함께 사는
사람들이 서로를 조금 더 너그러이 바라볼 때 가장
편안해진다고 느껴요.

이곳에서 행복을 느끼는 순간도 궁금해져요.

민범 아이들이 쿵쾅거리면서 계단을 올라갈 때,
테라스에서 노는 모습을 지켜볼 때도 좋고요. 학기 중에

부산에서 올라와 함께 지내시는 장모님과 아내가 식사를
준비하는 소리도 좋아요. 행복을 주는 소리와 향과 시각,
모든 게 이 공간에 꽉 차 있어요.
선혜 저 역시 아무 일도 없는 일상적인 시간이요. 저녁이
되어 아이들이 각자 놀고, 남편과 차 한 잔을 나누는 짧은
틈. 그 조용한 순간 '지금 이 정도면 충분하다.'는 생각이
들 때가 가장 행복해요.

**커다란 통창 아래서 조용히 시간을 보낸다면 행복하지
않을 수 없겠어요. 함께 완성한 집이라는 공간이 어떤
의미로 와닿는지도 들려주세요.**
선혜 쉼이자, 실험실 같아요. 완전히 쉬어도 되고, 새로운
시도를 해도 되는 곳이요. 실패해도 다시 정리할 수 있는
안전한 공간이죠. 그래서 집은 완성형이 아니라 우리 가족
구성원의 리듬에 따라 조금씩, 계속 변하는 상태로 남아
있기를 바라요.

**집 밖에서 두 분이 머무는 공간도 궁금해지네요. 집 바로
옆 건물은 젬앤페블스의 세 번째 쇼룸이죠.**
선혜 이사를 온 뒤 마침 건물이 비게 되어 쇼룸을
리모델링하게 되었어요. 처음엔 고민이 많았죠. 집을
짓느라 너무 지쳤으니까요. 하지만 제가 도전 정신이 있는
편이라(웃음), 더 어려운 집도 해봤는데 쇼룸 정도는 재밌게
지을 수 있지 않을까 하는 생각이 들었어요.

**다시는 집을 짓지 않겠다는 결론이 아니라, 또 한 번
도전하셨다고요?**
선혜 네(웃음). 실제로도 재미있게 작업했어요. 쇼룸은
상업 공간이니 젬앤페블스가 추구하는 미학적인 가치를
자연스럽게 보여주고 싶었어요. 사실 이 집은 남편의 취향,
아이들의 삶까지 고려하며 우리 가족에게 제일 좋은 것을
선택하는 과정이었지만, 쇼룸은 더 자유롭게 작업했어요.
오랫동안 브랜드를 운영해서 브랜드가 곧 제가 되었다
보니, 저한테는 쇼룸을 구상하는 게 그리 어렵진 않았던
거죠. 저희가 오랫동안 쌓아온 것을 온전히 쇼룸에
펼쳤는데, 고객님들이 주얼리를 하나하나 다 보지 않아도
브랜드가 추구하는 미학적인 가치나 철학을 이해하게 된
계기가 된 것 같아요.

**교수님은 대학에서 교양 과목을 가르친다고 하셨죠.
어떤 수업이에요?**
민범 '모두가 디자이너'라는 과목이에요. 디자이너는
정답이 아닌 자신을 찾는 사람이잖아요. 마찬가지로 우리
수업도 매주 세 시간 동안 주제 하나를 정하고 자유롭게
이야기를 하면서, 나를 찾아가요. 주제는 정치, 종교, 건축,

연애, 결혼, 육아처럼 다양하죠. 학생들은 서로 질문도
하고, 제 중재 아래서 논쟁도 해요. 수업을 들으며 내가
가진 고민을 남들도 하고 있었다는 걸 깨닫는 학생들이
많은 것 같아요. 수업 끝나고 개인적으로 찾아와서
가정사를 상담하는 친구들도 있고요. 이러한 교수법이
한국에선 흔하지 않아서 학생들이 위로도 얻고 심리적인
교육 효과도 경험하고 있는 것 같아요. 벌써 8년째 하고
있는데 피드백도 좋아서 학생들에게 사랑을 많이 받는
과목이 됐죠.

**독특한 수업 방식은 어떻게 시도하게 되었는지
궁금해요.**
민범 초등학생 때부터 프랑스에서 생활했던 영향이
컸어요. 프랑스에서 건축이나 디자인 공부를 할 때 늘
철학이 빠지지 않았죠. 선생님들도 모든 학습의 기본은
'너 자신부터 알아라.'였으니까요. 그걸 적용해서 저만의
수업을 만든 거죠.

**안과 밖에서 나만의 방식대로 살아가고 있는
두 분이네요. 앞으로 모아와 반호, 부부와 쿠루가 함께
머무는 이 집은 어떻게 변화해 갈까요?**
선혜 이 집엔 남들에게 과시하고자 좋은 가구나 그림을
치장하듯 걸어놓지 않았어요. 제가 좋아하기 때문에
지금의 모습이 완성된 거죠. 그래서 우리의 생활 형태와
자아가 우리다움으로 자연스럽게 드러나서 우리 집만의
멋이 생겼으면 좋겠어요. 집은 과시나 남들에게 멋을
보여주기 위한 도구가 아니라 우리를 표현하기 위한
도구니까, 우리가 표현된 바를 꼭 남들에게 보여주려 애쓸
필요도 없다고 생각해요. 우리를 자연스럽게 담은 이 집이
우리에게 편안했으면 하는 마음뿐이에요.

첫째 딸 모아가 그린 집

"사랑하는 사람들로 꽉 찬 집이에요. 같은 건물 202호에는 아빠의
오랜 제자가 살고 있어요. 1층 쿠루 그림 위에 두 얼굴 중 남자가
그 삼촌이에요. 친삼촌이 없는 저에게 아빠의 제자들은 좋은 삼촌이
되어주고, 가족으로 느껴져요. 아빠 덕분에 가족이 많아지고 있어요."

복층집 계단을 보고 '거대한 캣타워' 같다고 생각할 사람이 얼마나 될까. 고양이를 지극히 아끼는 집사만이 떠올릴 수 있는 이 표현은, 소이와 승연이 현재의 집을 처음 마주했을 때 사용했다. 부부가 세 마리 반려묘를 사랑하는 방식은 '여긴 우리 공간, 이건 네 물건'이라 외치지 않는 것. 그래서 이들의 집에는 직접 만든 고양이들의 도구와 사람의 것들이 자연스럽게 어울린다. 볕 아래 고양이들이 꾸벅꾸벅 조는 시간, 가족 모두의 행복을 바라는 두 사람의 마음을 듣는다.

애써 구분하지 않는 사랑

박소이·원승연—집에가야돼

에디터 차의진 포토그래퍼 강현욱

어머, 들어오자마자 고양이가 배를 보여주네요(웃음).
이 친구가 하랑이죠?
승연 어서 오세요. 하랑이는 저희와 함께 지내는 고양이 중
막내예요. 사람을 무척 좋아해요.

볕이 좋은 집인 건 알고 있었지만, 해가 정말 따사롭게
들어와요. 두 분 소개로 시작해 볼까요?
소이 안녕하세요. 캣&라이프스타일 브랜드 '집에가야돼'를
운영하는 박소이,
승연 원승연 부부입니다. 저희는 고양이 세 마리와 함께
살고 있어요.

함께 사는 고양이들은 각각 어떤 성향인지 궁금해요.
승연 첫째 하몽이는 자기 주관이 뚜렷해요. 요즘에는 아내
곁에만 있고 싶어 하죠. 둘째 하양이는 세상을 쉽게 사는
고양이예요. 간식 줄 때는 빠릿빠릿하게 움직이다가,
빗질하려고 하면 어느새 사라져 있어요. 막내 하랑이는
아까 보셨듯이 사람을 좋아하고 표현도 잘해요. 흔히
말하는 '개냥이'죠.

그렇다면 반대로 고양이들이 두 분을 소개한다면 뭐라고
말할까요?
승연 미리 주신 질문 중에서 가장 답하기 어려웠어요(웃음).
그래도 이야기해 보자면… 첫째 하몽이는 예전에 저랑
둘이 살던 시절엔 저를 정말 좋아했고, 아내와 함께 살기
시작한 뒤로는 아내를 훨씬 좋아해요. 그래서 하몽이는
저희를 '내가 정말 좋아하는 엄마 아빠'라고 생각할 것
같아요.
소이 하몽이는 잠도 꼭 저희 둘 사이에서 자려고 해요.
승연 둘째 하양이는 사람보다 고양이를 더 좋아해서,
저희를 동거인 정도로 여길 것 같아요. 저희가 제품
샘플이나 장난감을 집에 종종 가져오니 재밌는 거 많이
들고 오는 친구라고 생각할 것도 같고요. 셋째 하랑이는
유기묘라 처음엔 공격성도 강했고 마음을 완전히 열지
못했어요. 이제는 저희를 완전히 신뢰하는데, 엄마 아빠
보다는 막내가 언니 오빠 따르듯 하죠.

성향에 따라 관계가 달라지는 점이 흥미로워요.
하랑이는 유기묘였다고 하셨는데, 어떻게 만났는지
궁금해요.
소이 첫째, 둘째랑 함께 지내다 보니 셋째 고양이를
만나고 싶어졌어요. 그래서 남편을 계속 졸랐죠. 남편은
'굳이?'라는 생각이었지만, 저는 여섯 달 넘게 입양 앱을
들여다보고 있었어요. 그러다 크리스마스 즈음 하랑이
사진을 보고 "오빠, 얘 어때?" 하고 물었는데, 남편이

흔쾌히 데리러 가자고 하더라고요. 임시 보호 중이던
하랑이를 만나러 갔는데 공격성이 너무 강해서 이동장에
옮길 수가 없었어요. 세 시간 넘게 대치가 이어졌고 저는
거의 울면서 그냥 포기할까 싶었죠.
승연 그때 제가 한 번만 더 시도해 보겠다고 하랑이가 숨어
있는 방으로 혼자 들어갔는데, 그제야 저한테 오더라고요.
소이 집으로 돌아오는 차 안에서도 정말 얌전했고요. 너무
신기하게 집에 도착해서도 안정된 채로 잘 돌아다녔어요.
유기묘 시절의 상처 때문인지 여자를 무서워해서, 저와
친해지기까지는 1년 정도 걸렸지만요. 남편이 반년
넘게 하랑이랑 따로 자면서 하랑이 마음이 서서히 열린
것 같아요. 하랑이를 보면서 사랑이 생기는 과정을 본
기분이었어요. 첫째, 둘째 고양이를 돌볼 때와는 색다른
경험이었죠.

고양이들과 함께하는 일상은 어떻게 흘러가나요?
승연 고양이는 정해진 루틴에 따라 생활하는 걸 좋아하는
동물이에요. 사람이 훈련하지 않아도 알아서 쉬는
시간에는 쉬고, 먹을 때가 되면 먹죠. 그래서 저희도
최대한 고양이들의 생활 리듬에 맞추려고 노력해요.
저는 6시에 일어나 아침 수영을 다녀와서, 아내와
고양이들 식사를 챙겨줘요. 전에는 아내와 같이 집 근처
사무실로 출근했는데, 지금은 아내가 임신 중이라 저 혼자
사무실에서 하루를 보내고요. 저녁 6시쯤 돌아와서 다시
고양이들 밥 챙겨주고, 화장실 치우고, 잠깐 놀아주다가
자기 전에 빗질을 해줘요. 고양이들을 위해서 일부러 더
단조롭게 일상을 보내려고 노력하고 있어요.

그럼 소이 씨는 아침 식사 후에 하루를 어떻게
보내세요?
소이 요즘 임신으로 밤에 잠을 못 자서요. 낮에는
고양이들이랑 다 같이 햇볕 쬐면서 자는 시간이 많아요.
고양이들이랑 놀아주기도 하고, 가만히 쉬기도 하고요.
승연 임신 막달에 가까워지면서 집에서 보내는 시간이
늘어나다 보니까 고양이들 생활 리듬과 거의 동기화된
상태예요(웃음). 원래 아내가 무척 활동적인 편이라 요즘
많이 답답할 거예요.

처음에 고양이들을 '키운다'가 아니라 '같이 산다'고
표현하신 점이 인상 깊었어요.
승연 초등학교 때 강아지를 키운 적이 있어요. 그때는
자연스럽게 '키운다'는 표현을 썼죠. 요즘은 '반려인',
'반려동물'이라는 말을 더 많이 쓰잖아요. 그 말에 이미
함께 살아간다는 의미가 담겨 있어요. 반려동물을
바라보는 인식이 바뀌면서 저희도 어느 순간부터 '키운다'

대신 '같이 산다'고 말하게 됐어요.
소이 집은 저희 둘만으로 완성되는 게 아니라고 생각해요.
함께 지내는 고양이들, 가구, 생활하면서 생기는
흠집들까지 모두 어우러져서 비로소 집이 되는 거죠.

**두 분이 가족이 되기까지의 이야기가 궁금해요. 첫째
하몽이가 큰 역할을 했다고요.**
소이 저희는 패션과 선후배 관계였는데, 다섯 살 차이라
교류가 거의 없었어요. 제가 학생회장을 하면서 선배들과
자주 어울리게 됐고, 남편은 그 선배들의 친구였죠. 처음
만난 건 연극영화과 행사 자리였어요. 남편이 재학 중에
연극영화과와 협업해 무대 의상을 제작하는 프로젝트를
시작했는데, 제가 그걸 이어받게 됐거든요. 무대 의상 제작
동아리 친구들이 저희를 초대했고, 자연스럽게 뒤풀이
자리까지 이어졌어요. 그날 남편이 곧 이사를 한다는

그 이후로 만남이 어떻게 이어진 거예요?
소이 제가 하몽이 사진 보내달라고 오빠한테 자꾸
연락을 했어요.
승연 그러다 나중에는 제가 집에 없어도 괜찮으니
고양이만 보고 나와도 괜찮겠냐고 하더라고요. 다음 날도
또 연락이 와서 가도 되냐고 묻고, 그다음 날도요.
소이 직장인이던 오빠가 집에 돌아오기 전에 저는
하몽이만 보고 사라졌어요. 우렁각시처럼요.
승연 아내가 집에 와서 제 옷도 빌려 입으면서 점점 더
가까워졌죠. 지금 생각해 보면 하몽이한테 다 계획이
있었던 것 같아요(웃음).

**연인이 된 두 사람이 고양이와 함께 살아가게 되면서
일상과 내면에 변화도 겪었을 것 같아요.**
소이 저는 24시간이 부족한 사람이었어요. 학생회장에

얘기를 꺼내면서, 즉석에서 집들이 이야기가 나왔죠.
승연 사실 그때만 해도 아내와 그렇게 친한 사이는
아니었어요. 공교롭게도 그날 모인 여섯 명 중 저희 둘을
제외한 네 명은 이미 커플이었죠(웃음). 그렇게 여섯이 저희
집에 모였고, 그날 아내가 저와 같이 살던 하몽이를 처음
만났어요.
소이 사실 선배님들 사이에 껴서 집들이까진 안 가고
싶었는데(웃음). 집에 고양이가 있다는 거예요. 그 전까지
고양이를 가까이서 본 적도 없었으니까 호기심이 생겨서
선배 집에 가겠다고 했죠. 아, 그날 처음 만난 하몽이가
너무 귀여웠어요. 사람에 대한 호불호가 분명한 하몽이가
그날 제 곁에 꼭 붙어 있었고, 저도 새벽 내내 하몽이를
쓰다듬었어요. 제대로 충격을 받았죠. '고양이, 너무
귀엽다!' 하고요.

아르바이트, 교수님과 프로젝트까지 하느라 바쁜
학생이었죠. 특별한 목표가 있어서라기보다는 그냥
치열하게 사는 스타일이었어요. 그런데 햇빛 아래서
느긋하게 자는 고양이들과 같이 생활하면서 가치관이
많이 바뀌었어요. 자취방은 잠만 자는 공간이니까 해가
안 들어도 괜찮다고 생각했는데, 고양이들과 햇빛 아래
머물러보니 생각보다 좋은 거예요. '내가 뭘 위해서
이렇게 치열하게 사는 거지?'라는 생각도 자주 하게 됐죠.
불안감도 많이 줄고 여유라는 걸 배우게 됐어요.
승연 저도 예전에는 외출하고 돌아와서 '아, 집에
고양이가 있구나.' 정도로만 생각하는 사람이었어요.
어릴 때 강아지를 키웠으면서도 반려동물은 산책시키고
놀아주는 존재라고만 여겼거든요. 그런데 고양이에게
훨씬 깊이 마음을 쓰는 아내를 보면서 그 이상의 관계를

경험하게 됐죠. 특히 유기묘였던 막내 하랑이에게 제가 먼저 다가가고, 하랑이가 마음을 여는 과정을 겪으면서 반려동물은 단순히 함께 지내는 존재가 아니라는 걸 깨달았어요.

깊이 사랑하는 관계로 나아간 거네요. 온 가족이 이 집에 오기까지의 이야기도 궁금해요.
소이 그 전까지는 전셋집을 돌아다니면서 2년마다 이사를 다녔어요. 고양이가 셋이나 있으니까 집 구하기가 늘 쉽지 않았죠. 이사 시기가 되어서 전에 살던 곳 부근에서 전셋집을 찾는데, 고양이 때문에 안 된다는 말을 너무 많이 들었어요. 속도 상하고, 거듭된 이사가 고양이들에게도 좋지 않을 것 같아서 우리가 모은 돈 안에서 구매할 수 있는 집을 찾았어요. 그러다 지금의 경기도 광주까지 오게 됐죠. 집을 고를 땐 우리보다 더 오래 집에 머무르는

됐고, 지금도 가장 좋아하는 공간이에요. 위쪽은 온전히 저희 취미를 위한 아지트로 쓰고 있어요.
승연 어릴 때 한 번쯤 아지트라면서 책상에 이불 덮고 손전등 하나 켜고 들어가 본 경험이 있잖아요. 복층은 저희에게 그런 공간이에요. 만화책도 읽고, 힘든 날엔 치킨 들고 올라가서 쉬기도 하고. 거창한 소비에서 오는 만족감보다 저희에게는 소소한 시간이 더 큰 위로가 돼요. 복층으로 이어지는 계단은 고양이들을 위해 더 재밌게 바꿔주고 싶었어요. 저기 보이는 네모난 구멍도 저희가 실톱으로 직접 뚫은 거예요. 계단 위쪽 나무 기둥에는 박람회에서 쓰고 남은 해외 자재를 감아서 스크래처를 만들어줬고요.

복층은 가족에게 꼭 필요했던 구조물이네요. 테라스에서는 어떻게 시간을 보내세요?

고양이들에게 맞는 공간인지를 중요하게 생각했고요.
승연 그래서 우선순위로 꼽은 조건이 해가 잘 드는 남향, 복층, 테라스, 주차 이렇게 네 가지였어요. 경기도까지 오게 된 만큼 집에 재미있는 요소가 있으면 좋겠다고 생각해서 복층과 테라스를 원하게 된 거예요. 이동이 잦을 걸 고려해 주차도 용이하길 바랐고요.
소이 조건에 부합하는 집을 찾기까지 한 50군데는 본 것 같아요.

오랜 노력 끝에 만난 곳이었군요. 이 집에서 가장 눈에 띄는 점은 복층인데, 어떻게 활용하고 있나요?
소이 복층은 난방비나 관리 때문에 부담스럽다는 이야기도 많지만, 저희는 이 집을 보자마자 "거대한 캣타워다!"라고 생각했어요. 복층은 이 집을 선택하게 된 가장 큰 이유가

승연 테라스에서는 펜션에서 쓰는 불판 테이블을 마련해 두고 고기를 구워 먹어요. 냄새가 나도 주변 눈치 보지 않아도 되고, 펜션처럼 잠자리가 불편하지도 않아서 좋아요.
소이 고양이는 여행을 데리고 다니기가 어려운 동물인데, 저희는 테라스에 텐트도 치고 캠핑도 할 수 있는 거예요.

집을 가족의 행복에 충실한 곳으로 만들어갈 수 있었던 이유가 궁금해요.
승연 요즘은 사람들이 집을 투자 개념으로 많이 바라보곤 해요. 그래서 집값이 많이 오를 곳, 재개발이 될 곳을 선호하는데요. 그 생각이 틀렸다는 건 아니에요. 저와 아내가 추구하는 라이프스타일에는 맞지 않을 뿐이죠. 저희는 대화를 많이 하며 우리가 좋아하는 라이프스타일,

우리가 중요하게 생각하는 삶의 우선순위를 찾아나갔어요.
집으로 돈을 벌 수 있다면 좋겠지만, 그것보다 집은 지금의
우리가 즐겁게 살아가는 공간이길 바랐어요.

소이 예전엔 이왕 상경했으니 재밌는 서울에서 무조건
살아야겠다고 생각했어요. 서울을 한 번 벗어나면 다시
들어가기 힘들다는 이야기도 많이들 해요. 처음엔 그
말을 다시 서울에서 살 만큼 자금을 모으기가 어렵다는
의미로만 받아들였는데요. 한적한 경기도 광주에 살고
나서 이곳이 좋아지니까, 이제는 그 말이 복잡한 서울에는
다시 못 돌아가겠다는 의미로 다가와요.

**브랜드 '집에가야돼'에 관해 이야기해 볼게요.
고양이들이 있는 집으로 돌아가고 싶다는 말을 자주
되뇌던 것이 이름의 출발점이라고 들었는데요. 브랜드는
어떻게 운영하게 된 건가요?**

소이 시중에 유통되는 고양이 용품에 만족하기 어려워서
저희가 직접 고양이들이 쓸 만한 도구를 만들어본 것이
시작이었어요. 둘 다 패션을 전공해서 알고 있는 지식을
활용해 본 거죠. 주변 반응이 생각보다 좋길래 한번 해보자
하고 시작했는데 여기까지 오게 됐어요.

**고양이와 함께하는 일상에서 얻은 아이디어가 제품에
많이 녹아든 것 같았어요.**

소이 모든 제품은 우리 집 고양이들에게 영감을 받아
탄생해요. 예를 들어 '고양이 케이프 넥카라'는 첫째
하몽이를 위해 고안됐어요. 하몽이는 왼쪽 엉덩이를
오버그루밍(특정 부위를 끊임없이 핥거나 긁는 행동)하는데,
1년 넘게 병원을 다니고 약을 세 번이나 바꿔도 차도가
없었죠. 늘 약 때문에 기운 없이 늘어져 있었고, 그렇다고
넥카라를 씌우면 짜증이 나서 침대 위에서 소변을 보거나
화장실 가는 것을 참곤 했어요. 두고 볼 수만 없어서 쉽게
입히고 벗길 수 있는 케이프 형태의 넥카라를 직접 만들게
됐죠. 조금 느리더라도 이런 경험들을 바탕으로 제품을
만들어요. 내 반려묘에게 해주고 싶은 것이 생기면 좀 더
많이 만들어서 필요한 집사님들과 나눠 가진다는 마음으로
브랜드를 이어가고 있어요.

**문득 고양이에게 집은 얼마나 중요한 공간인지
궁금해져요.**

승연 고양이는 기본적으로 영역 동물이에요. 서로의
영역이 겹치지 않도록, 바깥에서 사는 고양이들도
대부분 혼자 지내고 어미 고양이도 새끼가 성묘가 되면
떠나보내죠. 반려고양이들도 영역 동물의 습성이 남아
있기 때문에 집 역시 중요한 서식지라고 생각해요. 저희 집
고양이들도 각자 좋아하는 자리가 모두 다르고요. 평생을

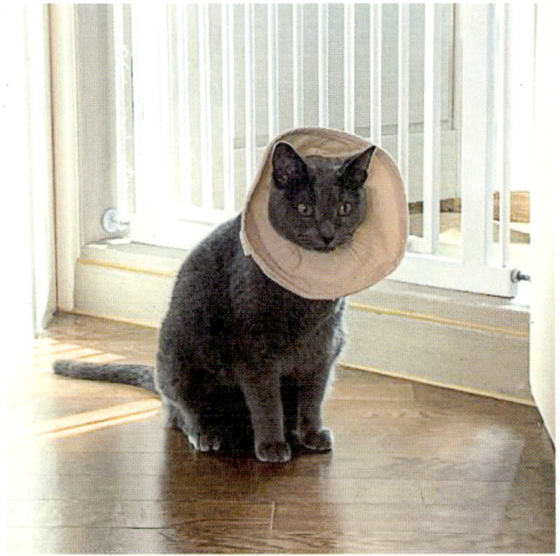

고양이 케이프 넥카라를 착용한 하몽   ©집에가야돼

집이라는 공간에서 보내는 만큼, 고양이에게 집은 세상의 대부분을 차지하지 않을까 싶어요. 사람이 느끼는 것보다 고양이에게 집이라는 공간의 의미는 훨씬 클 것 같아요.
소이 저희 브랜드의 모토도 "집이 온 세상인 고양이들을 위해, 그리고 그 집에 함께 살고 있는 집사님들을 위해."예요. 사람은 집이 있어도 집 밖에서 많은 시간을 보내지만, 고양이는 그렇지 않잖아요. 저희 브랜드는 집이 고양이에게 잘 맞는 공간이 되도록 돕고 싶어요.

집사들이 집을 꾸밀 때 흔히 하는 실수도 있을까요? 고양이들의 행복한 집 생활을 위해 집에가야돼가 지향하는 방향이 궁금해요.
승연 요즘은 워낙 정보를 쉽게 얻을 수 있다 보니 집을 잘못 구성하는 경우는 드물어요. 집에가야돼를 통해 저희가 보여주고 싶은 건, 틀린 걸 고치는 게 아니라 '이런 삶도 좋아요.'를 제안하는 거예요. 저희 집을 보면 고양이 용품이라는 걸 바로 알아볼 수 있는 것도 있지만, 집에 있는 가구들과 자연스럽게 어우러지는 형태의 제품도 많아요. 저는 어떤 도구가 고양이 건지, 사람 건지 구분할 필요 없이 다같이 어우러지도록 집을 구성하는 게 더 중요하다고 생각해요. 고양이 전용 방을 만드는 분들도 있는데, 그렇게 하면 고양이가 좋아하는 물건들로 방을 채울 수 있어서 좋아요. 하지만 사람은 그 공간을 사용하지 않게 되잖아요. 집에가야돼는 구성원들이 모든 공간을 같이 사용할 수 있도록 고양이와 사람 모두가 함께 쓸 수 있는 제품을 만들려고 노력하고 있어요.

곧 이 집에는 새로운 가족이 찾아올 예정이죠. 아기가 생겼다는 소식을 처음 접했을 때, 어땠어요?
소이 사실 저희 부부에게 오랫동안 아이가 생기지 않았어요. 그래도 지금처럼 고양이와 행복하게 살아도 얼마든지 좋다는 마음이었는데요. 첫째 고양이가 나이가 들면서 고양이들이 언젠가 무지개다리를 건넌다면, 제가 너무 힘들 것 같다는 생각이 들었어요. 또 어느 순간부터 아이와 고양이가 함께 지낸다면 너무 귀여울 것 같기도 했고요. 아이가 생겼다는 걸 알았을 때는 감동해서 남편과 같이 울었어요. 반려동물과 함께 자라는 경험이 아이에게도 분명 좋은 영향을 줄 거라고 생각해요.

아빠로서의 삶을 준비하는 마음은 어떤가요?
승연 엄마는 열 달 동안 아이를 배에서 품으니까 모성애가 저절로 생기는데, 남편은 아기가 태어나는 순간부터 아빠가 되잖아요. 그래서 흔히들 아빠가 되었다는 사실이 엄마만큼은 와닿지 않을 거라고 이야기를 하더라고요. 그런데 막상 아기가 태어날 때가 되니 뭉클하면서

궁금하고, 재밌을 것 같다는 감정이 동시에 들어요.

아기와 고양이가 함께하는 이곳은 어떻게 변화해 갈까요?
소이 집안 어른들께 임신 소식을 전하자마자 고양이는 어떻게 할 건지 물으시거나, 고양이 털은 아기한테 좋지 않다는 이야기를 하셨어요. 저는 고양이가 우리와 먼저 가족이 되었으니 아기가 적응해야 한다고 대답해요. 저희는 고양이랑 조화롭게 살아가기 위해서 출퇴근 시간을 꼭 지키거나, 일정한 시간에 밥을 주는 등 루틴대로 생활하려고 노력해 왔어요. 마찬가지로 고양이들도 사람과 함께 지내면서 새로운 규칙을 많이 배워요. 예를 들어 식탁에는 올라오지 않거나, 주인이 만지지 말라는 물건을 기억하죠. 곧 태어날 아기도 고양이 꼬리는 세게 잡아서는 안 된다든지 하는 사소한 원칙부터 같이 만들어갈 새로운 규칙, 서로를 존중하는 법을 배워야 한다고 생각해요.

마지막으로 10년 뒤 이 집의 모습도 떠올려보시겠어요?
승연 지금 이 집에 애정이 가득하지만, 그때쯤이면 아이가 초등학생이니 새로운 집을 찾고 있을 것 같기도 해요.
소이 아무래도 첫째와 둘째 고양이가 그쯤 우리 곁에 없겠다는 생각을 하지 않을 수가 없어요. 막내 고양이는 할머니가 되어 있겠죠. 아직은 많이 먼 미래라 선명하진 않지만… 우리가 새로운 다른 고양이를 키우게 될지, 아기와 고양이는 어떤 방식으로 살아가게 될지 막연히 그려보게 돼요. 확실한 건 계속 고양이와 함께 살아갈 거라는 거예요. 그때의 우리가 원하는 삶과 그에 맞는 공간을 또 고민하고 있겠죠.

세 마리 고양이를 위해

1. 집사 애착 이불

부부는 사람 이불을 좋아하는 하몽이를 위해 고양이에게
알맞은 작은 담요를 만들었다. 이어 고객들이 집사도 함께
쓸 만한 커다란 크기로 제작해 줄 것을 요청했고, 그렇게
'집사 애착 이불'이 탄생했다. 일반 극세사 이불과 달리
고양이 털이 잘 붙지 않고, 건조기 사용이 가능하다.

2. 숨숨집

숨숨집은 독립된 공간을 좋아하는 고양이들이 몸을
숨기고 쉬는 집 모양의 공간이다. 누빔 숨숨집은 둘째
하양이가 부부가 벗어둔 패딩에 종종 앉아 있는 모습을
보고 제작했다. 고양이 발톱에도 쉽게 찢기지 않는 원단을
사용했고, 세탁기에 넣어도 망가지지 않는다고.

3. 캐치하다2 고양이 먹이퍼즐 보물찾기

유기묘였던 하랑이는 자주 굶은 탓인지 사료를 급하게
먹고 토하는 걸 반복하곤 했다. 부부는 하랑이가 천천히
먹는 습관을 들이도록 집 안 어디에나 붙일 수 있는 먹이
퍼즐을 개발했다. 사료나 간식을 조금 넣어주면 고양이가
직접 빼내어 먹는다.

Interview

겨우내 죽은 줄로만 알았던 식물이 작은 화분에서 새순을 틔워낸다. 기대하지
않았던 생명력에 다시금 환희하며 이랑은 되뇌었을 것이다. 정말이지 끝날 때까지
끝난 게 아니라고. 그는 초록빛 가득한 이 안전하고 커다란 세계 안에서 글을 짓고
음악을 매만지며, 이곳에 뿌리내린 하루를 천천히 보듬어 키워가고 있다.

초록 원에서 움튼 생의 순간들

임이랑—작가·뮤지션

에디터 황진아 포토그래퍼 강현욱

빛이 정말 잘 드는 집이네요. 초대해 주셔서 감사해요.
오시기 전에 집 정리를 하느라 정신없었어요(웃음).

이전에는 마포구 망원동에서 지내셨다고 알아요. 그때 생활은 어땠어요?
제가 살아본 어떤 동네보다도 망원동을 좋아했어요. 집이 망원시장 앞에 있어서 과일이나 채소를 필요할 때마다 바로 살 수 있었고요. 그 동네만의 정감도 느껴졌죠. 그런데 어느 순간부터 망원동이 조금씩 관광지처럼 변해가더라고요. 제가 아끼던 상점이나 풍경이 하나둘 사라졌고, 집에서 차분하게 무언가를 하며 지내기엔 동네가 너무 번잡하게 느껴졌어요. 잠깐 집 앞 편의점에 가는 일조차, 놀러 온 사람들로 가득한 동네의 기운 때문에 점점 버거워졌고요. 그러던 중 어느 날에는 집주인이 와서 집세를 50퍼센트 인상하겠다고 하더라고요. 더는 안 되겠다 싶었고, 지금 사는 동네로 넘어오게 됐어요. 망원동 이전에는 서교동에 오래 살았는데요. 그때도 동네 분위기가 서서히 바뀌면서 임대료가 오르고, 풍경이 바뀌던 시기였어요. 서교동에서 망원동으로 갈 때도, 망원동에서 이곳으로 올 때도 결국은 젠트리피케이션 때문에 조금씩 밀려 나오게 된 거죠(웃음).

새롭게 집을 구할 때 중요하게 생각한 기준이 있었나요?
이 집을 선택한 이유는 테라스 때문이었어요. 저는 재미있는 집을 좋아하거든요.

재미있는 집이라고 하면….
어딘가 각이 살짝 틀어져 있다거나, 갑자기 비밀 공간이 하나 튀어나오거나, 언덕에 있다거나, 집 안에 계단이 있는 것처럼요(웃음). 한국 사람들이 선호하지 않는 유형의 집을 좋아해요. 투자 관점에서는 안 좋은 집이겠죠. 친구끼리도 이 얘기를 자주 하는데, 저희는 자신을 '절대 집값이 안 오르는 재미있는 집을 좋아하는 사람'이라고 부르거든요. 아무래도 비슷한 사람들끼리 어울리다 보니 제 친구들 집에도 계단이 있거나 내부 구조가 독특한 경우가 많아요. 이 집은 전형적인 빌라지만, 테라스가 있다는 점이 결정적이었어요. 저는 평소에 일이 있지 않으면 집 밖으로 안 나가는 날이 꽤 많은데요. 그런 날에도 어쨌든 외부로 나갈 수 있다는 게 큰 장점이에요. 그냥 바람 쐬고 싶을 때, 멀리 갈 필요 없이 테라스에만 나가도 충분히 시원해지거든요.

테라스에 있던 식물들을 다 안으로 들이신 거죠? 겨울이라는 계절은 가드너에게 어떤 시간인지 궁금해요.
버티고 견디는 계절이면서 동시에 기다리는 계절이에요. 겨울을 잘 보내야 따뜻한 계절에 식물이 열매를 맺고, 꽃을 피우거든요. 그렇다고 마냥 겨울을 따뜻하게 보내면 안 돼요. 식물도 어느 정도는 추위에 노출되어야 다음 계절을 잘 맞이할 수 있어서요.

키우는 식물이 다양해서 온도 관리를 더 세심하게 신경 써야겠어요.
맞아요. 식물마다 추위를 견디는 정도가 다 다르니까요. 저는 테라스가 있는 가드너라 이 과정이 더 복잡한 편이에요. 베란다에서 키우는 분들은 그 자리에 두고 관리해도 되지만, 저는 들고 나르는 일이 많아요. 낮에 기온이 영상으로 올라가면, 어떤 식물은 밖으로 내놓고 어떤 식물은 안으로 들여오는 식으로요. 상황에 따라 밖과 안을 오가게 하면서 겨울을 보내는 편이에요.

식물과 함께하신 지 20년이 넘었다고 알아요. 본격적으로 식물에 대해 공부한 계기가 있을까요?
계기는 슬럼프였어요. 그 전에도 식물을 많이 키웠고 또 많이 죽였거든요. 그런데 어느 시기에 슬럼프가 꽤 세게 왔을 때, 모든 게 다 싫어졌는데 식물까지 죽이고 싶지는 않더라고요. 그래서 이번에는 식물만큼은 좀 살려보고 싶다는 마음이 들었고, 그때 처음 제대로 공부를 하기 시작했어요. 돌이켜보면 그 전까지는 공부를 해가며 식물을 키운 적이 없더라고요. 어떤 흙이 좋은지, 비료는 뭘 써야 하는지 하나하나 찾아보기 시작했죠. 당시에는 식집사들도 많지 않아서 정보를 찾기 위해 농촌진흥청 자료나 관련 논문들도 찾아봤어요. 그러다 보니 식물들이 정말 잘 자라더라고요. 그게 재미있어서 기질이 다른 식물도 키워보고, 같은 식물을 서로 다른 흙에서 키워보기도 했고요. 그렇게 조금씩 실험처럼 하다 보니 여기까지 오게 됐네요. 이전에도 식물에는 관심이 많았지만, 오래 잘 키운 식물은 많지 않았어요. 그런데 애정을 갖고 들여다보기 시작하니까 정말로 식물이 살더라고요. 결국 관심이 있어야 살릴 수 있다는 걸 그때 알게 됐죠.

식물을 키울 때 관심도 중요하겠지만 알맞은 방식도 필요했을 텐데요. 집필하신 《아무튼, 식물》에도 식물을 여럿 떠나보낸 이야기가 나오는데, 돌아보면 주로 어떤 패인이 있었나요?
물 주기에 실패해서 죽이는 경우가 제일 많았는데요. '물 주기 3년'이라는 말이 있어요. 식물에게 알맞게 물을 주기까지 3년의 시행착오가 필요하다는 뜻이에요. 식물에 대한 정보를 찾아보면 '며칠에 한 번씩 물을 주라'는 식의 안내가 많잖아요. 그런데 직접 흙을 만져보고 흙이

말랐다고 느껴질 때, 지금이 딱 물 줄 타이밍이다 싶을 때
주는 게 가장 좋아요.

**습득한 정보보다 체득한 정보가 더 중요한
부분이겠네요.**
맞아요. 물 주기는 경험치가 정말 중요한 영역이에요.
토분인지 플라스틱 화분인지, 어떤 자리에 놓여 있는지,
통풍은 얼마나 되는지 같은 조건에 따라 물 주는 주기와
방식이 전부 달라지거든요. 절대적인 기준이 없는 거죠.

**그 시행착오가 책 《아무튼, 식물》과 《조금 괴로운
당신에게 식물을 추천합니다》에도 잘 드러나요. 작가님은
줄곧 "식물을 죽여도 된다."고 말하셨죠.**
저는 식물을 키우고 싶어 하면서도 잘 못 키울까 봐
시작조차 못 하는 분들이 참 많다고 느껴요. 그런데 식물을
하나의 개체로 보지 않았으면 좋겠어요. 내가 하나를
죽인다고 해서 그 종이 멸종되는 건 아니거든요. 식물은
동물이나 인간과 달리 끝없이 번식할 수 있고, 무성 생식도
가능한 존재잖아요. 그래서 식물의 죽음을 동물이나
인간의 죽음과 같은 선상에 두지 않아도 된다고 생각해요.
더 편하게, 더 적극적으로 즐기셨으면 해요. 그래야
결국에는 식물을 살릴 수 있게 되더라고요.

작가님은 식물을 죽이면서 어떤 걸 깨달았어요?
'끝날 때까지 끝난 게 아니다'라는 걸요. 겨울 동안 잎을 다
떨궈서 완전히 죽은 줄 알고 가지를 다 잘라 구석에 두었던
식물이, 봄이 되면 새잎을 내는 경우가 있어요. 저는 그
순간이 제일 감동적이에요. 식물은 죽었는지 아닌지
단정할 수 없는 상태로 버텨내는 경우가 많거든요. 그때
그냥 버렸다면 몰랐을 거예요. 하지만 봄까지 두고, 물을
조금씩 주면서 지켜보면 다시 살아나는 모습을 마주하게
되기도 하죠. 때로 그 모습을 닮아야겠다는 생각도 해요.
모든 걸 쉽게 포기하려고 하지 말아야겠다.

식물을 키우며 달라진 생활도 있을까요?
가장 크게 달라진 건 기상 시간이에요. 저는 원래 낮 12시
전에는 절대 일어나지 않는 사람이었거든요. 그런데
식물에 대한 마음이 커지다 보니, 아침에 좀 더 일찍
일어나서 환기를 해주게 되더라고요. 제 집을 보시면,
사람 자는 방에만 커튼을 달고 다른 공간에는 커튼을 아예
달지 않았어요. 햇빛이 너무 아까워서요. 정말 오랫동안
오후에 일어나는 사람이었는데, 식물을 조금이라도 더 잘
키우려면 제가 일어날 수 있는 가장 빠른 시간에 일어나서
환기해 주고, 공기가 집 안에서 항상 잘 돌 수 있도록 하게
돼요.

이른 기상을 해보니 어때요?
제 성격이 많이 밝아졌어요. 주변에서도 제가 밝아졌다는
얘기를 많이 해요. 원래 되게 염세적이었거든요(웃음).
어떤 것을 크게 기대하거나 너무 좋아하게 되면 나중에
마음이 힘들어지잖아요. 저는 그런 상태가 되기 싫어서
한동안은 기대도 안 하면서 지냈어요. 아무래도 20대에는
더 염세적으로 기울어지기 쉬웠던 것 같고요. 그런데 지금
와서 생각해 보면, 꽤 바보 같은 상태였더라고요. 그때의
시기를 조금씩 벗어나면서 생각도 자연스럽게 달라지기도
했고, 식물을 키우면서 생활 패턴이 바뀐 영향도 있는 것
같아요.

**식물이 좋아하는 집의 환경과 작가님이 좋아하는 집의
환경이 일치하게 된 거네요.**
맞아요. 완전히 똑같게 됐죠. 처음부터 그랬던 건
아니에요. 예전에는 거실에도 늘 어두운 커튼을 달고
살았거든요. 그런데 지금은 잠드는 공간 외에는 밝게
해놓는 게 좋아요. 집 구할 때도 '밝은 집'이 목표였고요.
식물이 좋아하는 집은 대체로 밝고 공기가 잘 통하는
집인데, 지금 제 집이 딱 그런 환경이 된 거죠.

작가님에게 특히 잘 어울린다고 느끼는 식물은요?
저는 모든 식물이랑 잘 어울리고 싶긴 한데요(웃음).
그래도 요즘 특히 좋아하는 건 알로에나 아가베 같은
식물이에요. 물을 많이 먹지 않으면서도, 카리스마 있게
크는 친구들이요. 난을 제외하면 지금까지는 편식하지
않고 이것저것 다 키워봤어요. 사실 요즘 난에도 관심이
많이 가긴 하는데, 일부러 시작하지 말자고 생각 중이에요.

왜요?
난을 들이기 시작하면 집이 너무 우아해질 것
같거든요(웃음). 호접란을 보면 호텔 로비가 떠오르잖아요.
그 우아함을 제가 감당할 수 있을까 싶은 거예요. 그래서
일단은 잠시 미뤄두고 있어요. 그리고 저는 꽃을 피우는
식물을 많이 키우진 않아요. 꽃이 피는 식물보다는
이파리를 더 좋아하거든요. 꽃을 피우기 위해 애쓰는
모습보다는, 그냥 일상을 살아가는 느낌이 좋달까요.
특별한 순간을 위해 에너지를 쏟기보다는, 날마다
잔잔하게 사는 식물이 저한테는 더 잘 맞더라고요.

**어느 나라를 여행하든 그 나라의 식물원을 꼭
찾으신다고 들었어요. 특별히 기억에 남는 곳이 있을까요?**
영국 런던의 '큐가든Kew Gardens'이라는 왕립 식물원을
정말 좋아해요. 한 번도 본 적이 없는, 정말 멋진 나무가
많거든요. 식물원이 워낙 커서 누군가와 함께 가도 결국엔

늘 혼자 걷게 돼요. 제가 나무들을 쫓아다니다 보면, 같이 간 사람들은 못 버티고 "우린 카페에 있을 테니 천천히 보고 와." 하더라고요(웃음). 이상하게 저는 거기만 가면 나무들에게 말을 걸게 돼요.

뭐라고 말을 걸어요(웃음)?
제가 고민 상담을 그렇게 하더라고요. 집에서 키우는 식물들한테도 말을 안 거는데…. 그곳의 참나무들에게는 뭔가 특별한 기운이 느껴지나 봐요.

아, 나중에 집 마당에 유리 온실을 짓는 꿈이 있다고 했죠?
그 꿈은 늘 있어요. 마당이 있는 집에 작은 온실을 하나 두고 사는 것. 아마 제가 꾸리는 온실은 식물들로 빼곡해져서 금세 터져나갈 거예요. 지금은 겨울이라 집에 있는 식물 수가 이 정도지만, 다른 계절에는 두세 배쯤 된다고 보시면 돼요. 물도 많이 주고, 비료도 아끼지 않는 편이라 식물을 늘 뚱뚱하게 키우거든요. 다만 유리 온실을 둘 만한 마당 있는 집을 서울에서 구하기엔 집값이 너무 비싸서요(웃음). 지방이라면 지금도 가능하겠지만, 그렇다고 서울 생활을 포기하고 싶지는 않아요.

그러고 보니 작가님의 책마다 서울이라는 도시에 대한 애정이 곳곳에서 느껴졌어요. 서울이 왜 좋아요?
저는 문화생활을 가까이에서 할 수 있는 게 좋아요. 한두 달 머물기에 좋은 매력 있는 지방 도시도 많지만, 저는 어느 날 갑자기 독립 영화관에 가서 좋아하는 감독의 영화를 보고 싶어지는 사람이라서요. 그런 욕구를 충족하기에는 아직 서울이 가장 편한 도시인 것 같아요. 무엇보다 태어나고 자란 도시이다 보니, 제게는 워낙 익숙하기도 하고요.

최근 《나를 키워봐!》 번역을 맡으셨지요. 글을 꾸준히 써 오신 건 알았지만 번역 작업을 하시게 된 계기가 궁금했어요.
이 책은 뉴욕에 거주하는 작가가 쓰고 그린 그래픽 노블인데, 식물을 키우는 이야기와 나 자신을 돌보고 키워가는 이야기를 같은 선상에 놓고 풀어가요. 출판사에서 먼저 연락을 주셨어요. 제가 유학을 다녀왔고 영어를 할 줄 안다는 걸 알고 계셔서 제안을 주신 것 같아요. 아마 식물과 관련된 제 책도 읽으셨을 거라고 생각하고요. 제가 책에 써온 주제와 《나를 키워봐!》가 이야기하는 지점 중 맞닿아 있는 부분이 많거든요. 처음에는 '번역이라는 영역에 내가 과연 발을 담가도 될까?'라는 고민이 있었어요. 그런데 작업을 하다 보니,

어떤 표현들은 식물을 직접 키워본 경험이 있어야 자연스럽게 옮길 수 있겠다는 생각이 들기도 하더라고요.

구체적으로 식물을 키우는 사람으로서 옮길 수 있던 포인트가 있다면요?
예를 들면 그림 속에 "SUPER-GRO"라고 쓰인 흙 봉투가 등장하는 장면이 있어요. 그대로 번역할 수도 있겠지만, 한국의 농자재 상점에 가면 "싹자라", "잘자라"처럼 직관적이지만 조금은 웃긴 이름의 비료들이 있거든요. 그런 언어는 실제로 식물을 키워보고, 그 문화를 알고 있는 사람이어야 자연스럽게 떠올릴 수 있는 것 같아요. 그런 점들을 번역에 반영할 수 있던 점이 재미있었어요.

작가님은 작가이기도 하고, 밴드 디어클라우드의 베이시스트이기도 하죠. 집에서 음악이나 글 작업을 하는 공간이 따로 있나요?
2층 작업 방이요. 프리랜서분들 중에는 작업 공간이 명확히 분리되지 않아서 힘들어하시는 경우도 많잖아요. 저는 써야 하는 글이 있거나, 연주해서 전달해야 할 일이 있으면 작업 방으로 출근해요. 그러니까 이 집에서 제가 스트레스받는 일들은 거의 다 그 작업 방, 2층에서 이루어져요(웃음). 출근하지 않는 날에는 아예 작업 방에 들어가지 않아요. 프리랜서치고는 출퇴근 개념이 꽤 분명한 편이죠. 작업 공간이 확실히 나뉘어 있다는 게 큰 역할을 하고요.

1월 말에 디어클라우드 콘서트도 있죠?
맞아요. 차례로 8회 공연을 하거든요. 요즘 공연
준비로 바쁘게 지내고 있어요. 음악은 저에게 너무
당연한 존재라서, 오히려 당연하게 느끼지 않으려고
노력해요. 20대 초반에 음악을 시작했고, 지금은 40대
초반이 됐으니까요. 성인으로 살아온 대부분의 시간을
디어클라우드 멤버로 보냈어요. 그래서 혹시 내가 이
자리를 너무 익숙하게, 당연하게 받아들이고 있는 건
아닐까 하는 생각을 자주 하게 돼요. 그래서 일부러
당연하지 않게 느끼려고 하고요.

당연함을 왜 경계하세요?
당연해지는 순간 곧 매너리즘으로 이어진다고
생각하거든요. 그냥 늘 하던 공연, 늘 내는 음원처럼
흘러가고 싶지는 않아요. 너무 비장하게 들릴지도
모르지만, 저는 늘 '이게 마지막일 수도 있다.'는
마음으로 공연해요. 지금 한국 음악계가 큰 아티스트들만
살아남는 구조가 점점 더 강해지고 있잖아요. 중소 규모
아티스트들은 갈수록 힘들어지는 시기거든요. 앞으로는
더 그렇게 될 거라는 이야기도 많이 들리고요. 그럼에도
언제까지나 음악을 붙들고 있어야겠다는 마음이에요.
음악이 제 수입의 가장 큰 부분이 아니게 되더라도, 저는
이걸 쉽게 놓고 싶지는 않아요.

**한 인터뷰에서 "음악이 제 삶의 중심에 가까운 예술의
형태일지도 모르겠다."고 말씀하신 적도 있죠.**
제가 가장 오래 해온 예술의 형태가 음악이거든요. 제일
익숙하고 제일 잘할 수 있는 일이기도 하고요. 그렇다고
음악만 특별하다고 느끼는 건 아니에요. 식물 키우기도,
글쓰기도 다 너무 좋고, 각각 저를 채워주는 방식이 조금씩
달라요. 각자 제 마음 건강에서 담당하는 영역이 따로
있다고 해야 할까요. 물론 세 가지 말고도 다른 요소들이
필요하겠지만, 이 세 가지의 균형이 잘 맞을 때 제가
건강하게 지낼 수 있는 것 같아요.

**그 세 가지 큰 축이 작가님 마음을 어떻게 돌보고
있나요?**
음악은 제 안의 조금 어두운 부분을 담당하고 있는 것
같아요. 그 감정을 표출하거나 혹은 조용히 감싸주는
역할을 하고요. 글쓰기는 굉장히 수다스러운 저를 맡고
있어요. 음악과는 다르게, 글은 풀어놓는 작업이니까요.
더 조잘조잘 이야기할 수 있고, 거기서 오는 카타르시스가
분명히 있어요. 식물 키우기는 정말 온전히 저를 위한
일이에요. 무엇을 보여주기 위한 것도, 결과를 만들어내기
위한 것도 아니고요. 저는 창작이라는 게 결국 몸에 독을

쌓는 일이라고 생각하거든요. 안에 있는 걸 덜어내면서도
동시에 스트레스와 피로가 쌓이는 일이요. 글쓰기도,
음악도 재미있지만 분명히 스트레스가 있잖아요. 그걸
가장 잘 풀어주는 게 저한테는 식물이었어요. 이파리 닦고,
물 주고, 가만히 들여다보고 있으면 그때 스트레스가 제일
많이 풀려요.

**영역마다 몰입의 순간이나 집중하는 감각도 조금씩 다를
것 같아요.**
많이 다르죠. 음악에서 오는 집중의 순간이 가장 강렬해요.
정말 도파민이 한 번에 팡 터지는 느낌이랄까요. 무대 위에
있을 때도 그렇고, 무대 아래에서 연습할 때도 그래요.
함께 연주하는 사람들, 그리고 무대를 바라보는 사람들이
전부 같이 들숨을 쉬고, 날숨을 내쉬는 것 같은 기분이 들
때가 있거든요. 그런 카타르시스 때문에 무대와 음악에
대한 사랑이 계속 이어지는 것 같아요. 글쓰기는 또 다르게
재미있어요. 이 문장이 앞에 오느냐, 뒤에 오느냐에 따라
의도가 미묘하게 달라지는 것도 재미있고요. 아무도
알아차릴 수 없을 행간의 의미를 혼자 슬쩍 심어두는
기분도 좋아요. '여기서 사실 나는 이런 마음이야.' 하고
혼자만 알고 있는 그 비밀스러움이요. 아무리 풀어 써도
결국 다 읽히지는 않는, 작가의 마음이라는 게 있다는 점도
저는 참 재미있게 느껴요. 식물 키우기는 또 전혀 달라요.
그 순간에 바로 즐거워지는 일이에요. 솔직히 말하면
제가 잘 사용하진 않는 단어인데, 이럴 때는 그 말 말고는
설명이 안 되더라고요. 식물 키우기는 정말로 순간적인
'힐링'을 계속해서 주는 일이에요.

지금은 그 모든 것들이 균형이 잘 맞는 시기일까요?
네, 전반적으로 밸런스가 잘 맞아요. 그래서 평안한 시기를
보내고 있습니다.

몬스테라 델리시오사의 열매를 먹어보고 유칼립투스의
꽃을 피워보는 것을 버킷리스트로 삼은 사람. 그는 식물과
글쓰기, 음악이라는 씨앗을 심고 물을 주며, 때로 죽이기도
하고, 다시금 생이 가진 자생력을 믿어주면서 자신만의
정원을 가꾸는 듯했다. 생의 기운이 가득한 이 집을
찬찬히 둘러보다가, 내가 심어두고 키우고 싶은 씨앗들은
무엇일지 오래 생각했다.

함께 삶의 새로운 방식

풍년빌라 3층. 현관문을 열어 두면 하나의 공간으로 통합된다.

풍년빌라 전경

결혼이나 혈연으로 맺어지지 않아도 한집에서 살아갈 수 있을까.
이 질문에 고개를 끄덕이는 공동체가 늘어나고 있다. 비슷한 가치관과
라이프스타일을 공유하는 '사회적 식구'에게 우리만의 집은 선택이
아닌 필수다. 이들에게 집은 사적 영역을 존중하면서도, 구성원과
느슨하게 연결되어 서로를 돌볼 수 있는 공간이어야 했다. 그렇게
각자의 방식으로 완성된 집을 찾아 응암동으로 걸음을 옮긴다.

에디터 차의진 **자료제공** 임태병

● 풍년빌라

4층	방송작가 부부 사적 공간
3층	일러스트레이터 사적 공간 & **방송작가 부부 공유 공간**
2층	임태병 소장 가족 & 일러스트레이터 작업실
1층	로모커피 & **임태병 소장 가족 공유 공간**

풍년빌라: 가끔 신발을 신는 집

불광천을 가까이한 응암동의 고즈넉한 골목. 이곳의 기다란 4층 집에는 세 가구가 함께 산다. 부모도 형제도 아닌 이들은 오래전부터 서로 알고 지내던 지인 공동체다. 세 가구가 같이 살기에 꼭 맞는 집을 찾다 이곳 '풍년빌라'를 직접 짓게 됐다.
이 독특한 프로젝트의 기획자는 풍년빌라의 거주자이자 문도호제 건축사무소를 운영하는 임태병 소장. 그는 '건축사사무소 SAAI(사이)'를 거쳐 '어쩌다가게@동교',

'메종키티버니포니', 'A.P.C. 홍대', '신촌문화관' 등 다양한 공간 설계 프로젝트에 참여했다.
풍년빌라는 일반적인 셰어하우스와 다르다. 셰어하우스는 주방, 거실 같은 '공용 공간'이 있지만, 이 집에서 모든 가구가 함께 사용하는 공용 공간은 여러 층을 잇는 계단실뿐이다. 대신 풍년빌라에는 '사적인 공유 공간'이 존재한다. 사적 공간과 공용 공간 사이를 유연하게 오가는, 문을 열고 닫는 것에 따라 성격이 달라지는 공간이다.
이렇게 상상해 보자. 당신은 친구랑 한집에 살고 있다. 문을 닫으면 온전히 나만의 서재였던 공간은, 문을 열면 친구와 함께 사용하는 공유 서재가 된다. 풍년빌라는 이러한 전환 장치를 집 곳곳에 마련해 두었고, 그 공간의 이름은 '현관'이다.
1층과 3층에 자리한 현관에는 몇 가지 규칙이 있다. 사적 공간의 문을 열면 그곳은 현관으로 전환된다. 계단실과 현관에서는 반드시 신발을 신는다. 마지막으로, 현관에는 분명한 기능을 부여한다는 점이다.
임태병 소장 가족이 사용하는 1층 현관은 거실과 주방, 다이닝룸의 역할을 겸한다. 신발을 신고 드나들도록 계획해, 풍년빌라 거주자들의 모임은 물론 외부 손님과의 미팅 공간으로도 활용된다. 방송작가 부부가 사용하는 3층 현관은 평소에는 탕비실이자 식물 관리 공간으로 쓰이다가, 필요할 때면 거주자들이 함께 모이는 공유 공간으로 전환된다.

임태병 소장 가족 공유 공간. 신발을 신고 생활하는 장소로 풍년빌라 식구들의 중요한 모임장소 중 하나다.

풍년빌라 1층에 자리한 카페 로모커피

카페와 마당에서 진행한 벼룩시장

사적인 공유 공간으로 사용하는 풍년빌라 3층 탕비실

©김동규

신발을 신고 입장하는 1층 다이닝룸

중간주거 그리고 현관

임태병 소장은 어떻게 신발을 신는 '현관'을 풍년빌라에
적용하게 되었을까. 그리고 왜 사적인 공유 공간의 이름을
현관이라 불렀을까. 출발은 그가 설계한 집 '해방촌
해방구'였다.

평소 손님들을 집으로 초대해 음식을 해주길 좋아했던
클라이언트는 세컨하우스에 전용 주방, 다이닝룸을 갖추고
싶어 했다. 공간은 자연스럽게 1층으로 계획됐지만, 협소한
부지 탓에 여러 손님이 신발을 벗어둘 넉넉한 현관을
마련하기는 어려웠다. 이때 임태병 소장이 제안한 해법은
단순했다. 손님들이 신발을 벗지 않고 집 안으로 들어오게
하는 것.

한국에서는 낯선 방식이었기에 클라이언트 역시 처음에는
망설였다. 그러나 훗날 그는 이 선택을 '신의 한 수'라고
표현했다. 신발을 벗는 행위가 사라지자 집에 들어설
때의 심리적 장벽도 함께 낮아졌고, 사람들은 한결
편안하게 이곳을 드나들기 시작했기 때문. 손님을 초대해
식사하는 자리는 한 달에 대여섯 번이 되었고, 어느새 동네
주민들까지도 해방촌 해방구의 1층을 자연스럽게 오가게
되었다.

> "보통 집은 프라이빗한 공간이라고 생각하잖아요.
> 그런데 저는 집의 모든 영역이 꼭 프라이빗할
> 필요는 없다고 봐요. 건축적으로 조금 다른 장치를
> 마련하면, 사람들이 집에 훨씬 쉽게 접근할 수
> 있죠. 해방촌 해방구를 계기로 개인의 집과 동네가
> 전혀 다른 관계를 맺을 수 있다는 걸 깨달았어요."

사용자의 필요에 따라 사적 영역과 공적 공간을 자유롭게
넘나드는 중간적인 성질의 공간. 임태병 소장은 이러한
개념이 적용된 건축을 '중간주거'라고 부르기 시작했고,
신발을 벗지 않는 현관의 확장은 중간주거를 구현하는 핵심
장치가 되었다. 그는 풍년빌라를 비롯한 여러 프로젝트에서
중간주거 실험을 이어가고 있다.

해방촌 해방구 전경

풍년빌라 1층 카페에서 바라 본 마당. 대문 밖의 동네와 연결된다.

함께 살 집을 꿈꾼 이유

다시 풍년빌라로 돌아가 보자. 어떻게 세 가구가 함께 살기로 마음을 모으고, 건축적 장치를 매개로 느슨한 교제를 이어올 수 있었을까. 임태병 소장은 그 시작이 과거 홍대에서 직접 운영했던 카페 '비하인드'였다고 말한다. 임태병 소장 부부는 당시 홍대 재학 중이던 카페 아르바이트생들의 열악한 주거 환경을 알게 된 후, 그들에게 자신의 집을 내어주기 시작했다. 함께 살아온 시간이 어느덧 10년을 훌쩍 넘겼고, 이들은 가족 그 이상의 관계가 되었다. 자연스럽게 미래의 집 역시 함께 그리게 되었다고.

> "비하인드로 맺은 네트워크와 생활을 공유하면서 살다 보니까, 혈연이 아니어도 충분히 가족이나 식구가 될 수 있겠다는 생각이 들었어요. 마음이 맞는 사람들이라면 언젠가 같이 살아볼 수 있겠다는 생각이 자연스럽게 싹텄죠. 저는 건축하는 사람이니까 우리를 위한 집을 마련하는 게 저한테 일종의 숙제가 된 것 같아요."

SAAI 건축에 머물던 당시 그는 2012 한일현대건축교류전에 참여하며 일본의 '나루세 이노쿠마 아키텍츠'가 설계한 셰어하우스를 접했다. 셰어하우스라는 개념이 아직 대중화되지 않았을 무렵이라, 여러 가구가 함께 사는 라이프스타일을 건축적으로 풀어낸 시도는 신선한 충격으로 다가왔단다. 비슷한 집을 우리만의 방식으로 건축하고 싶었지만, 현실적인 어려움도 컸다. 재산의 대부분이 집에 묶여 있어 새 보금자리를 위해 자본을 즉각 투입하기는 어려웠던 것. 대신 그는 주거가 아닌 상업 공간에서 먼저 고민을 구체화해 보기로 했다. 어쩌다가게@동교를 설계해 아홉 가게가 한 건물에 입점하고, 공유 공간을 함께 사용하는 구조를 실험한 것이다.

이후 주택 협동조합을 구성해 건축 자금을 마련하는 방안도 검토했지만, 국가 지원을 받기 위해서는 주거와 연계된 장기적 수익 모델을 제시해야 했다. 이는 실거주자를 고려하지 않은 채 이미 완성된 집에, 서로 알지 못하는 사람들이 한순간에 이웃이 되는 구조를 전제한다. '우리가 살 집'을 꿈꾸던 임태병 소장의 공동체에게는 어울리지 않는 방식이었다.

건축주를 찾아라

임태병 소장은 공동체의 집을 짓기 위한 새로운 방안을
고안했다. 바로 건축주를 찾는 것. 일반적으로 건축주가
건물을 세운 뒤 세입자를 모집하지만, 그는 순서를
뒤집었다.

임대용 건축을 신축하고 운영하기 위해 건축주가 감당해야
할 과정은 매우 복잡하다. 토지 매입부터 설계와 시공,
세입자 모집은 물론, 이후의 유지·보수까지 책임져야 한다.
여기에 임대 기간을 10년으로 가정할 경우, 통상 2년가량의
공실을 감안해 8년 안에 투자금을 회수해야 하는 부담도
따른다. 그래서 임태병 소장은 건축주는 토지와 건물에
대한 투자만 담당하고 나머지 모든 과정은 세입자가 맡는
방식을 제안했다.

그리고 어느 날, 이 구상을 긍정적으로 받아들인 건축주가
나타났다. 드라마 〈시그널〉(2016), 〈킹덤〉(2019)을 쓴 김은희
작가다. 임태병 소장과 알고 지내던 김은희 작가는 형편이
어려운 방송작가들이 비교적 저렴한 임대료로 머물 수 있는
주택을 마련하는 일을 오랫동안 꿈꿨다.

필요가 맞닿은 두 사람은 방송작가들의 집을 짓는 걸 장기
목표로 삼고, 임태병 소장 공동체의 집인 풍년빌라를 시험
무대로 삼았다. 공동체는 건물과 관련된 전 과정을 직접
책임지고, 투자금에 대한 이자를 건축주에게 지급하는
조건으로 임대료 인상 없이 10년간 풍년빌라를 점유하게
되었다. 김은희 작가 역시 복잡한 운영 부담을 덜고, 지가
상승에 따른 시세 차익을 기대할 수 있는 구조였다. 그렇게
완성된 풍년빌라에서 공동체는 크게 만족하며 6년간
생활을 이어오고 있다.

풍년빌라 방송작가 부부가 사용하는 4층 옥상

● 여인숙

5층	방송작가 A 주거 공간
4층	방송작가 B 주거 공간
3층	영화 메이크업 감독 주거 및 작업공간
2층	문도호제 건축사사무소 & 스테이 여정
1층	담대하게 커피워크

여인숙 전경

여인숙: 작가를 위한 집

풍년빌라가 완공되어 가던 무렵, 방송작가들을 위한
집 프로젝트도 서서히 시작되었다. 그렇게 완성된 공간의
이름은 '여인숙'. 이 공간의 2층 역시 해방촌 해방구와
풍년빌라처럼 사적 영역과 공적 영역의 경계를 넘나드는
구역이 존재한다. 외부인이 숙박할 수 있는 스테이
'여정'이다. 여정은 '남의 집'이라는 지극히 사적인 영역이
스테이라는 공적 공간으로 전환되는 구조다. 동시에 숙박
예약자가 신발을 벗고 공간 안으로 들어서는 순간, 이곳은
다시 개인의 사적 영역으로 바뀐다.
풍년빌라와의 차이점도 있다. 여인숙의 임차인들은 오랜
지인 관계가 아니고, 각자 일하는 시간 또한 제각각이다.
그래서 거주자 간 교류를 위한 공유 공간은 마련되지
않았다. 이렇듯 임태병 소장은 거주자의 관계와 건물의
성격에 따라 '중간주거'의 개념을 달리 적용하며 다양한
프로젝트를 이어가고 있다.

여인숙 2층에 위치한 스테이 여정

임태병
문도호제 소장

사회적 식구의 가능성
풍년빌라 식구들과는 자주 함께 밥을 먹거나 거의 매일
얼굴을 봐요. 자연스럽게 친밀감이 쌓일 수밖에 없죠.
제 아버지께서 돌아가셨을 때 가장 먼저 달려와 준
사람들도 풍년빌라 식구들이었고요. 그래서 저는 혈연이
아닌 관계에서도 충분히 깊은 친밀감이 형성될 수 있고,
사회적으로 묶인 가족 역시 충분히 가족으로 기능한다고
생각해요. 부부와 자녀로 구성된 형태만 가족이 아니라,
앞으로 가족의 개념도 더 다양해질 거라고 봐요.

고립된 다양성
일본의 한 건축가가 다양한 구성원이 사는 집합주거용
공동주택을 설계했는데, 내 집으로 가는 동선이 수십
가지예요. 마주치고 싶지 않은 이웃을 피하도록 한 거죠.
재밌는 방식이지만 그건 '고립된 다양성'이라고 생각해요.
제가 말하고 싶은 건 모두 다 함께 살아야 한다는 이야기는
아니에요. 고독한 다양성과 함께하는 다양성이 공존해야
건강한 사회겠죠. 여러 사람과 함께 사는 게 맞지 않다면
독립적인 공간에 살면 돼요. 다만 독립이 꼭 고립일 필요는
없겠죠. 사람은 혼자서 살아갈 수 없으니까요. 서로의
생활에 깊게 개입하진 않아도 간단한 인사를 나누고,
무슨 일이 생기면 연락해서 도와줄 수 있는 느슨한 관계는
당연히 구축되어야 한다고 생각해요.

중간중거의 미래
중간주거를 대중적 경험으로 확장하는 건 제 몫은 아닌
것 같고, 더 잘할 수 있는 분들이 있을 거예요. 그래도
개인적으로 해보고 싶은 건, 이 모델을 적용해 제가
수업하는 디자인 학교 '파주타이포그라피배곳'의 기숙사를
만드는 일이에요. 또 하나는 노년형 주거 공간이에요.
지금 풍년빌라는 4층이라 제가 더 나이가 들면 계단
오르내리기가 힘들어질 것 같거든요(웃음). 노년형 주거
공간 저층부에 공용 주방과 지금 풍년빌라 식구들의 공간을
두고, 상층부에는 젊은 친구들이 살게 하면 어떨까 해요.
잘 지내고 있는지 서로 안부를 묻는 그 정도의 관계로요.

여인숙 4-5층 내부 모습

임태병 소장이 사용하는 여인숙 2층 문도호제 사무실

Interview Collections
지금 내가 있는 곳이 어디든

유메는 집을 꾸미고 가꾸는 과정에서 늘 균형을 중요하게 여긴다. 가구와 오브제를 고를 때뿐 아니라 삶을 대하는 태도에서도 마찬가지다. 무엇을 선택하고 무엇을 제외할지 분명히 하고, 자신에게 필요한 것은 남기되 다른 부분에서는 유연하게 확장할 여지를 두는 그의 방식이 만든 집, 이 공간은 그 과정의 기록으로 남아 있다.

유연한 균형 속에서 자라나는

유메—리빙 크리에이터

에디터 황진아
사진 유메

일본으로 인사를 건네게 되어 반가워요. 한국 독자를 위해 간단하게 소개해 주실래요?

안녕하세요. 유메라고 해요. 일본식 식기 판매와 온라인 쇼핑몰 사이트 제작 일을 한 경험이 있고, 현재는 일상과 집 꾸미기, 집에서의 삶을 SNS에 기록하며 지내고 있어요.

현재 어떤 가족 구성으로 생활하고 계신가요?

남편과 초등학생 딸, 이렇게 세 명이 함께 살고 있어요.

오사카와 교토의 중간쯤에 거주하고 계신다고 하셨는데, 그 지역만의 분위기는 어때요?

오사카와 교토 중심가 모두에 접근하기 좋은 신흥 주택지로, '이런 동네라면 아이 키우기 좋고 살기 편하겠다'는 느낌이 드는 동네예요. 실제로 자녀가 있는 가정이 많아요. 넓고 잘 정비된 공원이 있고, 아이 키우는 가정의 요구를 충족시키는 상업 시설도 모여 있고요. 아이들이 뛰어노는 동안 어른들은 아이들을 지켜보며, 안전하고 밝은 분위기를 느낀답니다.

현재 거주 중인 집의 구조와 공간에 대해 알려주세요.

약 30년 된 2층 구조의 3LDK 주택이에요. 이사하면서 1층을 중심으로 리노베이션을 했고요. 1층은 가족이 함께 사용하는 공용 공간이고, 2층에는 침실과 옷을 보관하는 다다미방이 있어요.

'3LDK'라는 용어가 한국에서는 생소한 개념인데요. 각 방 기능에 대한 줄임말인 거죠?

맞아요. 맨 앞의 숫자는 침실이나 서재, 다다미방처럼 독립된 방의 개수를 나타내고, L은 거실Living Room, D는 식당Dining Room, K는 주방Kitchen을 의미해요. 3LDK는 거실·식당·주방 공간 외에 3개의 방이 있는 평면을 가리켜요. 일본에서는 이런 표기가 일반적이라, 부동산 정보나 집 구조를 설명할 때 일상적으로 자주 사용돼요.

일본의 다다미방은 보통 어떤 역할을 하는 공간이에요?

다다미는 '이구사'라는 풀로 만들어 나무 바닥보다 부드러워서 아이들이 안전하게 놀 수 있어요. 다다미

위에 누워 쉬거나, 이불을 깔아 손님 침실로 사용하는
등, 현대에서는 다양한 용도로 활용돼요. 예전에는
바닥이 다다미인 것뿐만 아니라, 벽 한쪽의 장식 공간인
'토코노마床の間'나 문틀 역할을 하는 '카모이鴨居' 같은
전통 요소가 있어야 다다미방이라고 불렸지만, 현대에는
바닥만 다다미로 되어 있고 나머지는 서양식 구조여도
다다미방이라고 해요.

유메 씨 집에서는 다다미방을 어떻게 활용하나요?
저희 집에서는 거실과 바로 연결되어 있어 자연스럽게
어울리도록 다다미 외의 전통 요소는 없었어요. 현재는
아이 장난감 등을 보관하고, 아이가 놀거나 작업하는
공간으로 사용해요. 거실의 연장처럼 가족이 편히 쉬는
곳으로도 활용하고 있어요.

**이 집을 처음 보러 갔을 때 가장 먼저 눈에 들어온 것은
무엇이었어요?**
현관에 들어서자마자 보이는 복층 구조, 천장이 트인
공간이었어요. 집에 들어서는 순간 탁 트인 개방감이
느껴져서 기분이 정말 좋았던 기억이 있어요. 저는 집을
볼 때 채광과 습도를 가장 중요하게 생각하는데요.
정신적으로나 육체적으로 건강하게 지내려면 햇빛이
충분히 들어야 하고, 적절한 습도가 유지되어야 한다고
느끼거든요. 아무리 구조가 마음에 들어도, 어둡고 습한
공간에 있으면 기분이 가라앉기 때문에 창은 가능하면
큰 게 좋아요. 그래서 햇빛과 습도가 잘 확보된 이 집이
마음에 들어 선택하게 되었죠.

**지은 지 30년 된 주택을 개조해 새롭게 꾸미셨다고
하셨는데, 어떤 방향으로 공간을 바꿨나요?**
중고 주택 특유의 요소는 최대한 살리면서, 좋아하는
인테리어가 잘 어우러지는 공간을 만드는 데 초점을
맞췄어요. 현대 일본에서는 장식이 거의 없는 심플한
디자인과 콘크리트 느낌의 인더스트리얼하거나 현대적인
분위기를 선호하는 편이에요. 하지만 예전 중고 주택에는
지금은 잘 볼 수 없는 정교한 디자인과 나무를 중심으로 한
따뜻한 집이 많았죠. 저희 집에서는 계단 난간의 독특한
디자인이니 기실로 이어지는 아치형 문 같은 요소가 그런
예라고 생각해요. 저희 부부 모두 오래된 물건을 좋아해서
1960-70년대 일본의 공간을 참고해 개조했어요.

**리노베이션 과정에서 꼭 남기고 싶었던 요소가
있었나요?**
거실의 아치형 문과 계단이요. 중고 주택만의 독특한
디자인과 시간이 만들어낸 오래된 흔적이 느껴져서 허물고

새로 만드는 게 아깝더라고요.

**일본에서는 오래된 집을 손보며 사는 것이 자연스러운
분위기인가요?**
일본 주택은 목조가 많고, 건축 연도별로 내진 기준이
달라서 오래된 집은 큰 지진을 견디기 어려운 경우가
많아요. 안정성을 확보하는 데 허들이 높은 편이죠. 하지만
최근 인구 감소와 목재 등 자원 비용 상승을 고려하면,
기존 주택을 최대한 활용하면서 필요한 부분만 손보는
방식은 자신만의 삶을 꾸리고 싶은 사람들에게 충분히
매력적인 선택이라고 생각해요.

**일본 집은 목조가 많다고 하셨는데, 목조 주택만의
장단점이 있다면요?**
단점은 나무가 습기에 따라 수축하거나 휘어져서 다루기
어렵다는 점이에요. 반대로 장점은 습기를 흡수하고
집 안에 자연스러운 틈을 만들어 바람이 잘 통한다는
점이라 일본의 습한 기후에는 오히려 적합하죠.

**일본에서는 집을 어떻게 인식하는 편일까요?
한국에서는 집을 자산으로 보는 시각이 강한 편이거든요.**
일본에서도 물론 적지 않아요. 조상이나 조부모의
집을 자산으로 관리하고 지키는 경우도 있죠. 하지만
특히 지방에서는 이런 의미가 점점 약해지고, 집을
갖는다는 것을 가족과 자기 삶의 기반을 만드는 출발점
정도로 받아들이는 경우가 많아요. 저 역시 집을 사고
직접 개조하면서, 내가 어떤 삶을 원하는지, 무엇을
좋아하는지가 더욱 분명해졌거든요. 집은 어떤 삶을 살지
고민하게 하고, 그 고민을 실천으로 옮기는 장소라고
생각해요.

유메 씨가 생각하는 이상적인 삶은 어떤 모습이에요?
계절의 변화를 느끼고, 오랜 시간의 흔적이 쌓여가는
것들과 함께하며 가족과 신뢰 관계를 만들어가는 삶이
이상적이라고 생각해요. 물론 저도 생활에 맞는 편리한
물건이 좋고 아름답게 느껴질 때도 있지만, 이 집에 살면서
점점 오래된 것들을 좋아하게 되었고, 자연스럽게 그런
것들을 깊이 들여다보게 되었어요. 그 과정에서 깨달은 건,
판매자나 제작자가 구매자를 겨냥해 만든 편리한 물건보다
의도치 않게 시간이 지나면서 생긴 모양이나 대충
만들어진 것, 원래 팔 생각이 없던 것 같은 자연스러운
모습에서 더 큰 매력을 느낀다는 거예요.

**시간이 흐르며 집과 사람, 물건이 변하는 것에 대해
어떻게 느끼세요?**

시간이 만들어내는 변화는 오랜 시간이 아니면 얻을
수 없는 질감이라고 생각해서 소중히 여기고 있어요.
집에는 가족과 함께한 흔적도 쌓이기 때문에, 우리만의
만족감을 더해주는 느낌이고요. 시간이 지날수록 애정이
깊어지는 것도 있는데, 식물이 특히 그래요. 날마다
자라며 돌보는 방식에 따라 표정이 달라지니까요. 특히
필로덴드론 셀로움은 함께한 지 3년 정도 되었는데요.
잎이 부드럽고 섬세해서 돌보는 데 시간이 많이 들고
정성을 들여야 하는데, 그만큼 애착이 생기고 더 귀엽게
느껴져요. 인테리어 소품은 원래 오래된 것이 많아서 '함께
변해간다'는 느낌은 적지만, 식물은 살아 있다는 느낌
덕분에 애정이 더 커진 것 같아요.

**집에서 가장 오랜 시간을 보내는 구성원인 만큼, 유메
씨의 손길이 많이 닿을 수밖에 없겠어요.**
맞아요. 이 집에서는 제 가치관이 곳곳에 드러나요.
가구와 오브제에서도 취향이 분명하게 느껴지죠.
어릴 적 집 안 깊숙한 수납장에 가족이 쓰던 물건이나
잡동사니가 가득했는데, 심심할 때마다 꺼내어 '왜 여기에
있을까?'를 상상하는 걸 좋아했거든요. 빈티지 물건을
볼 때 지금도 그때와 비슷한 감정을 느껴요. 자잘한
물건이 많아서 생기는 약간은 잡다한 공기가 이 집다운
분위기를 만든다고도 생각해요. 가구나 오브제를 고를
때는 스테인리스 스틸이나 유리처럼 인공적인 분위기의
무기적인 소재와 나무, 마, 라탄처럼 자연에서 온 유기적인
소재를 골고루 섞는 것을 가장 중요하게 여겨요. 어느
한쪽으로 치우치지 않으려고 하고요.

**어느 한쪽으로 치우치지 않는 균형을 유지하려는 이유가
있어요?**
인테리어뿐만 아니라 사고방식이나 커뮤니티 등에서도
한쪽으로 치우치면 전체적으로 부담스럽게 느껴져서 저
자신이 편하지 않거든요. 제 안에도 다양한 면과 여러
취향이 있어서, 어떤 분위기의 저에게도 잘 어울리고,
질리지 않도록 균형 잡힌 모습을 갖는 게 목표예요.

집에서 보이는 주변 풍경도 소개해 주세요.
주변은 일반적인 신흥 주택지지만, 저희 집 바로 옆만
공터로 남아 있어 나무와 자생 식물이 자라고 있어요.
날이 따뜻해지면 새들이 자주 그 공터로 모여들어요.
다양한 식물들 사이로 큰 밤나무가 있고, 새들이 자주
그 나무에 앉아 있어요. 작은 새부터 중간 크기의
새까지 종류도 다양하고, 계절에 따라 찾아오는 새가
달라 울음소리만으로도 봄이 왔음을 느낄 수 있답니다.
창밖으로 계절의 변화를 느끼다 보면, 잠시 마음을 고르고

잠깐 멈춰 숨을 돌리게 돼요. 여름에는 무성한 녹음이 강한
햇볕을 가려 실내를 시원하게 해주고, 겨울에는 잎이 모두
떨어져 햇빛이 방 안으로 가득 들어와요. 채광 면에서도
참 고마운 존재죠.

**아이와 함께 살면서 새롭게 중요해진 집의 기준도
있을까요?**
아이의 성장에 맞춰 변할 수 있는 유연함이 가장
중요하다고 생각해요. 공간이 여유 있고, 자유롭게 손볼
가능성이 있어야 아이와 함께 사는 데 편리하니까요. 현재
거실 옆 다다미방을 아이 놀이 공간으로 사용하고 있다고
말씀드렸는데, 조만간 좀 더 차분한 공간으로 직접 개조해
볼 생각이에요.

집에서 가족이 자연스럽게 모이는 곳은요?
우리 가족은 각자 어딘가에 앉거나 누워 느긋하게 쉬는 걸
좋아해요. 그래서 자연스럽게 모두 모이는 공간은 거실
소파예요. 원래 있던 돌출된 창 아래 수납 공간을 제거해
공간을 확보했고, 그 공간에 맞춰 폭 약 160센티미터의
소파 두 개를 두었는데요. 늘 서로 차지하려고 하는 자리일
만큼 가족 모두에게 중요한 공간이 됐죠.

**오랜 시간 집의 모습을 기록해 왔는데, 기록을 대하는
마음에서 달라진 점이 있나요?**
꾸준히 집의 풍경을 SNS에 기록해 왔지만, 처음에는 많은
사람에게 보여주기 위한 게시물을 고민했어요. 지금은
인테리어와 집을 만들어가는 과정을 통해, 제 가치관을
기록하는 데 집중하고 있고요. 집이 변하듯 제 시선도 함께
변하고 있어서, 언젠가 기록을 돌아봤을 때 따뜻한 마음이
들면 좋겠어요.

**만약 언젠가 이 집을 떠나게 된다면 꼭 기억하고 싶은
장면을 말씀해 주세요.**
꼭 기억하고 싶은 순간은 가족 모두가 마당을 직접 가꾸던
시간이에요. 자갈뿐이던 마당을 정리하고 잔디를 깔아
함께 만들었고, 그 마당에서 바비큐를 즐기거나 아침을
먹고, 여름에는 아이와 풀장을 만들어 놀기도 했어요.
그래서 이 집을 떠나더라도 분명 그 기억은 오래 남을 것
같아요. 가족들 각자 집에 대해 어떻게 느끼고 있는지는
모르지만, 가족들에게도 안심하고 자신의 가치관을
정리할 수 있는 장소이길 바라요.

세월의 흔적이 고스란히 남은 구축 아파트의 계단을 올라, 손에 쥔 묵직한 열쇠들이 부딪히는 소리와 함께 문을 연다. 동네 마켓에서 사 온 제철 꽃을 새로 꽂아 두고, 여러 사람의 손길을 거쳐온 의자에 몸을 맡기며 앉는다. 겉모습만으로 쉽게 단정할 수 없는 파리라는 도시에서 희수는 오래된 것에 시간을 덧입혀 살아가는 태도를 배우고 있다.

오래되어 알고 싶은 이곳에서

박희수—아 몽앙주

에디터 황진아
사진 박희수

파리의 집을 잠시 비워두고 한국으로 휴가를 다녀오셨다고 들었어요.
한국에 갈 때마다 저희 부부는 관심 있는 전시나 건축 공간을 찾아다니는 편이에요. 올해 방문한 곳 중 특히 인상 깊었던 곳은 제주도의 본태박물관과 연희동의 연희정음 그리고 답십리 고미술상가였어요. 박물관과 고미술상가를 둘러보며 한국 기물이 지닌 멋스러움을 새삼 느끼게 되었죠.

이렇게 종종 한국으로 휴가를 떠나는 편이에요?
프랑스에는 1년에 5주의 유급 휴가 제도가 있어서, 남편과 함께 해마다 한 번 정도 한국을 찾아요. 가족과 친구들을 만나고, 그리웠던 집밥을 먹으며 잠시 쉬어가는 시간이죠. 남편이 김장 보쌈을 좋아해서 김장철에 맞춰 자주 가고 있어요.

프랑스 생활이 어느덧 15년이 된 것으로 아는데요. 파리에는 어떻게 오게 됐어요?
어릴 때부터 프랑스 미술을 좋아하셨던 어머니의 영향으로 자연스럽게 프랑스 문화를 접하게 되었고, 대학에서 불어를 전공했어요. 2010년 프랑스 리옹에서 어학연수를 하며 사립 미술학교 1학년 과정을 거친 뒤, 그 경험을 계기로 패션 스쿨인 스튜디오 베르소에 입학하면서 파리로 이사하게 되었고요. 그때는 짧은 체류가 될 거라 생각했는데, 남편을 만나면서 어느덧 많은 시간이 흘렀네요.

남편분은 프랑스인이신 걸로 아는데, 어떻게 만나셨어요?
리옹에 온 지 6개월쯤 되었을 때 지인 소개로 만났어요. 함께 저녁을 먹는 다소 어색한 자리였는데, 남편이 제가 제일 좋아하던 드렁큰 타이거 음악을 틀어주면서 자연스럽게 가까워졌어요.

드렁큰 타이거요(웃음)?
네. 알고 보니 남편은 케이팝이 지금처럼 유행하기 전인 중학생 때부터 드렁큰 타이거나 에픽하이 노래를 즐겨 들었다고 하더라고요. 드렁큰 타이거를 듣던 프랑스 청년은 이제 이문세와 김광석을 즐겨 듣는 아저씨가 되었지만요(웃음).

희수 씨에게 파리라는 도시는 어떤 곳이에요?
익숙한 도시이면서도, 여전히 낯선 골목이나 새로운 건축물을 마주할 때면 여행 중인 것 같은 설렘을 느끼게 되는 곳이에요. 오래 살아도 완전히 다 안다고 느껴지지 않는 점이 파리의 매력인 것 같아요. 자주 걷는 거리에서도 작은 골목으로 들어서면 프랑스 건축가 장 푸르베의 건물을 발견하거나, 무심코 지나치던 동네에서 건축가 르코르뷔지에의 아틀리에를 만나기도 하죠. 익숙함 속에서 계속해 새로움을 발견하게 되는 도시예요.

현재 살고 계신 집 거실에 놓인 빈티지 가구들이 인상적이었어요. 빈티지 가구와 오브제를 소개하는 채널도 운영 중이시죠?
네, 맞아요. '아 몽앙주a__monange'라는 채널을 통해 파리에서 프랑스 빈티지 가구와 소품을 중심으로 셀렉한 오브제들을 한국에 소개하고 있어요. 저희 부부의 취향으로 고른 오래된 기물과 가구 속에 자연스럽게 배어 있는 시간의 흔적과 멋을 전하고 싶어 시작한 채널이에요.

빈티지에 관심을 갖게 된 계기가 있을까요?
프랑스에서는 동네마다 정기적으로 벼룩시장이 열려요. 제가 살고 있는 파리 15구에서도 매주 토요일 아침이면 꽃과 제철 과일, 로컬 식재료를 파는 시장이 서는데, 그곳은 일상처럼 오래된 물건을 마주하게 되는 곳이에요. 에펠탑이 보이는 그 시장은 제가 특히 아끼는 장소이기도 하고요. 그런 일상 속에서 자연스럽게 오래된 물건을 접하며, 새것보다 조부모나 부모에게서 물려받은 세월이 깃든 물건의 가치를 중요하게 여기는 프랑스 사람들의 태도에 영향을 받았어요. 시아버님도 오래된 물건을 고치거나 리폼해 사용하는 분이신데, 집에 있는 접이식 의자 역시 직접 손봐 주셔서 다시 태어난 물건이에요. 저 역시 예전보다 옷이나 소품, 가구를 고를 때 더 신중해졌고, 한 번 사면 오래 쓸 수 있는지를 먼저 생각하게 됐어요.

시간이 지나도 오래 곁에 두고 싶은 물건에는 어떤 공통점이 있다고 생각하세요?
사용하기 편하고, 오래 봐도 질리지 않는 간결하고 모던한 디자인이요. 가구나 소품을 들일 때 고민을 많이 하는 편이라 집에 있는 물건들은 모두 소중하지만, 그중에서도 2년 전에 들인 거실 한쪽의 파란색 '앙드레 소르네 빈티지 사이드보드'는 특히 오래 곁에 두고 싶은 가구예요. 우연히 들른 빈티지 가구 거래처 창고에서 아직 판매 전인 채 한쪽에 놓여 있던 이 서랍장을 발견했을 때의 기쁨이 아직도 생생해요. 꼭 제가 사고 싶어서 아무에게도 팔지 말아 달라고 부탁한 뒤, 제가 구매했죠.

그런 기준은 두 분이 선택한 가구들에서도 고스란히 느껴져요.

저희 부부는 실용적이면서 절제된 디자인의 프렌치 모던 가구를 좋아해요. 사용이 단순하고 장식이 과하지 않은, 오래 보아도 질리지 않는 디자인이요. 그 안에서 동양적인 정적인 미가 느껴지는 점도 좋아하게 된 이유고요. 지금 집에는 앙드레 소르네, 장 푸르베, 피에르 가리쉬 같은 프랑스 디자이너의 가구들이 주를 이루고 있어요. 특히 남편이 태어난 리옹 출신의 가구 디자이너 앙드레 소르네를 가장 좋아하고, 르코르뷔지에 역시 좋아해 그의 건축물을 직접 찾아다니는 저희만의 '르코르뷔지에 투어'를 이어가고 있어요.

지금 집을 선택하게 된 이유는 무엇이었나요?
현재 집은 프랑스 기준으로 비교적 높은 층에 속하는 6층 아파트예요. 파리는 집을 구하는 과정이 쉽지 않은 도시인데, 한 매물을 많게는 30명 정도에게 동시에 보여주고 집주인이 그중 가장 조건이 안정적인 임차인을 선택해요. 저희는 예산 안에서 15구에 위치한 집 가운데 직장과의 거리 그리고 채광을 가장 중요하게 고려해 이 집을 선택했어요. 주방은 간단한 파스타 정도만 만들 수 있으면 충분했고요. 대신 남향만큼은 꼭 지키고 싶었어요. 지금은 이사를 고민하며 여러 집을 보고 있지만, 이 집만큼 해가 잘 드는 곳을 아직 만나지 못했어요.

채광을 굉장히 중요하게 생각하시는 편이군요.
네, 아침에 일어나자마자 커튼을 열어 해가 났는지부터 확인할 정도로, 햇빛은 제 하루의 기분을 좌우하는 중요한 요소예요.

햇빛 가득한 집에서 가장 좋아하는 순간이 있다면요?
아침에 일어나 커피 한 잔 내리고, 창문 너머로 파리의 지붕들을 바라보는 시간이에요. 계절마다 조금씩 달라지는 풍경을 구경하는 걸 좋아해요. 창밖으로 보이는 오스만 양식의 발코니들은 겨울이면 크리스마스 장식으로 반짝이고, 여름에는 이웃들이 파라솔을 펴고 커피를 마시는 모습이 보여요. 여름밤에는 가끔 루프톱 파티가 열리기도 하고요. 거리의 가로수도 계절에 따라 푸른색에서 붉은색으로 변해, 자연스럽게 시간의 흐름을 느끼게 해줘요.

한국과 달리 파리에서만 느낄 수 있는 일상 풍경은 무엇이에요?
파리 사람들은 해를 정말 좋아해요. 햇볕에 그을린 피부, 심지어 빨갛게 탄 피부까지도 '바캉스를 다녀왔다'는 표시처럼 자랑스럽게 여겨요. 날씨가 좋으면 자연스럽게 테라스로 나와 시간을 보내고, 여름에는 비키니 차림으로 공원에서 태닝을 하거나 아이들 생일 파티를 여는 모습도 흔히 볼 수 있어요. 또 하나 인상적인 건 저녁 식사 시간이 꽤 늦고, 식사를 아주 길게 즐긴다는 점이에요. 대부분의 식당이 저녁 7시쯤 문을 열지만 손님들은 보통 8시 이후에 오고, 식사는 여유롭게 이어져요. 주말이나 크리스마스 저녁에는 자정이 넘도록 식탁에 앉아 있는 경우도 많고요.

집을 대하는 태도에서도 차이를 느끼시나요?
프랑스에서는 오래된 역사와 세월의 흔적을 중요하게 여겨, 신축보다 오스만 양식의 벽난로나 몰딩이 남아 있는 구축 아파트를 선호하는 경우가 많아요. 같은 동네, 비슷한 조건이라면 오히려 구축이 더 비싸기도 하고요. 도어락 대신 열쇠를 사용하고, 최신식 엘리베이터를 찾기 힘든 점도 특징이에요. 100년이 넘은 아파트도 많다 보니, 입주 전에 자신의 취향에 맞게 고쳐 사는 경우가 흔하고 집은 '완성된 공간'이 아니라 '살면서 가꾸는 공간'이라는 인식이 강한 것 같아요. 저 역시 한국에서는 풀 옵션의 새 집이 주는 편리함과 기능을 가장 중요하게 생각했지만, 파리에서는 집에 제 취향을 얼마나 온전히 담을 수 있는지를 먼저 보게 되더라고요. 그래서 프랑스의 집들은 구조나 분위기가 획일적이지 않고, 초대받을 때마다 구경하는 재미가 있어요.

사적인 취향을 들여다보기에 집만큼 솔직한 공간도 없는 듯해요. 파리에서 누군가의 집에 초대받았던 기억도 있나요?
연애 초기에 처음 시댁에 저녁 초대를 받았던 날이 떠오르는데요. 저녁 7시쯤 식전에 간단히 술을 한잔하고 샐러드와 메인 요리, 치즈 그리고 디저트가 차례로 이어지는 긴 식사였는데, 늦은 시간까지 대화를 나누는 식사 방식이 인상적이었어요. 분위기는 한국의 가족적인 식사 자리와 크게 다르지 않았고요. 한국이 비교적 이른 저녁 식사 후 밤에 술이나 야식을 즐긴다면, 프랑스는 술로 시작해 본격적으로 긴 식사를 이어가는 문화라는 점도 흥미로웠어요. 당시에 제 불어 실력이 능통하지 않아 식사 내내 듣기 공부를 하는 기분이 들기도 했죠.

언어뿐만 아니라, 일상 속에서도 적응이 필요한 순간들이 여럿 있었을 것 같아요.
처음에는 겨울에 바닥 보일러가 없고, 여름에는 에어컨 대신 선풍기에만 의존하는 프랑스의 냉난방 환경이 낯설었어요. 지금은 겨울엔 양말이나 양모 슬리퍼를 신고, 여름엔 자연스러운 냉방에 완전히 적응했죠. 오히려 한국에 가면 에어컨 바람 때문에 감기에 걸리기도 해요. 파리의 발코니 풍경을 에어컨 실외기가 가리지 않는 점도

장점처럼 느껴지고요. 열쇠를 들고 다니는 일은 여전히
번거롭지만 한국에서는 보기 힘든 고풍스러운 아날로그
문고리들은 여전히 매력적입니다.

**집 안에 잘 어우러지는 오브제가 많아 보여요. 꽃도 자주
들이시는 것 같고요. 동네에 마켓이 있어서 꽃을 어렵지
않게 살 수 있겠어요.**

맞아요. 동네에 열리는 시장에서 주로 꽃을 사요. 꽃을
파는 상인들이 여러 분 계셔서 계절 꽃을 비교적 가까운
곳에서 쉽게 고를 수 있거든요. 요즘은 제가 가장 좋아하는
미모사가 한창이라 시장에 가는 재미가 쏠쏠해요.
최근에는 크리스마스 리스도 직접 만들어 달아봤는데,
화려하기보다는 집에 있는 가구들과 잘 어울리는 차분한
색감으로 만들어봤어요.

두 분은 대화도 자주 하시는 편인가요?

아침에는 커피를 마시며 주말에 갈 새로운 카페나
레스토랑에 대한 대화를 나누고, 저녁에는 각자의 하루를
정리하듯 이야기를 해요. 주로 거실과 식탁이 이어진
공간에서 가장 많은 시간을 보내며 대화하고요. 평소에는
말수가 많지 않은 편이지만, 남편 앞에서는 사소한
이야기까지 자연스럽게 털어놓게 되더라고요.

**부부로 함께 살면서 각자 이 집에서 어떤 역할을
담당하고 있어요?**

정리 요정인 남편은 자연스럽게 정리 담당이 되었고,
요리에 큰 흥미가 없는 저를 대신해 요리도 맡고 있어요.
요즘은 한식 실력이 꽤 늘어서 떡볶이와 김치찌개는 물론,
최근에는 직접 만든 보쌈을 시댁 부모님께 대접하기도
했어요. 저는 주로 청소와 빨래를 담당하고 있는데, 먼지가
보이면 바로 청소기를 돌리는 편이라 남편은 제 베스트
프렌드는 청소기라며 종종 농담을 하곤 하죠.

**파리에 처음 왔을 때의 자신과 지금을 비교했을 때,
달라진 점이 있다면요?**

다양한 문화와 사람들이 공존하는 프랑스에서 오래 살다
보니, 예전보다 타인의 시선에서 조금 더 자유로워졌고 제
취향도 한층 분명해졌어요.

**타인의 시선으로부터 자유로워졌다는 건 어떻게
실감해요?**

한국에서는 남의 시선을 의식해 시도하지 않았던 스타일을
지금은 자연스럽게 즐기게 됐어요. 화려한 장미 패턴의
바지를 입거나, 숏커트에 왁스를 바르고 다니기도 하는데
패션 학교에서는 선생님들이 저를 'Petit garçon',

'남자아이'라고 부르기도 했어요. 또 프랑스에서는
길거리나 공공장소에서 커플이 애정을 표현해도 주변
시선을 크게 의식하지 않는 분위기예요. 한국에서 무심코
남편에게 뽀뽀를 하려고 하면 오히려 남편이 "한국에서는
안 돼."라고 말하곤 하죠(웃음).

**현재 살고 있는 집은 두 분에게 어떤 영향을 주고
있나요?**

이 집은 저희 부부에게 바깥의 소음에서 완전히 분리된,
쉼표 같은 공간이에요. 큰길가에서 떨어져 있어 저녁이
되면 집 안이 아주 고요해지거든요. 좋아하는 가구에
둘러싸여 생각에 잠기고 하루를 정리하다 보면, 이 집이
바쁜 일상 속에서도 저희를 다시 중심으로 돌려놓는
곳이라는 걸 자연스럽게 느끼게 돼요.

FLAMMARION
LaM
A MAGAZINE CURATED BY MAISON MARTIN MARGIELA
NOGUC
A MAG

미르는 동네의 소음 대신 바람에 나뭇잎 부딪히는 소리가 들리고, 시선 닿는 곳마다 푸르른 녹음이 있는 곳에 산다. 그는 집에 머무는 시간이 길어질수록, 이 풍경이 삶에 미치는 영향을 더 분명하게 느낀다. 익숙한 선택에서 한 걸음 벗어나야만 마주할 수 있던 장면들. 이 집은 그가 선택해 온 삶의 방향을 가장 솔직하게 드러내는 장소다.

낯선 걸음으로 내디딘 자리

임미르—VFX 룩뎁 수퍼바이저

에디터 황진아
사진 임미르

밴쿠버의 요즘 날씨는 어떤가요?

밴쿠버 최고의 계절인 여름이 지나고, 비가 잦은 겨울을 보내고 있어요. 캠핑 같은 아웃도어 활동은 잠시 쉬고 있지만, 본업으로 바쁜 시간을 보내는 중이에요. 연말에는 지인들과의 모임도 잦았고요. 홈 파티가 일상처럼 이어지다 보니 또 다른 재미를 느끼고 있어요. 다가올 봄과 여름을 위한 재충전의 시간이라고 생각하고 있습니다.

홈 파티를 자주 하시나 봐요.

파티라고 부를 만큼 거창한 자리는 아니지만 지인끼리 서로의 집에 모여 식사하거나 커피를 마시는 데 익숙한 편이에요. 설날이나 추석 같은 한국 명절도 밴쿠버에서 가능하면 챙기려고 하고, 추수감사절이나 크리스마스 같은 휴일에는 자연스럽게 서로의 집에서 음식을 나누며 시간을 보내요. 지난 크리스마스에도 집 근처에 사는 지인들이 모여 커피를 내려 마시고 식사를 하고, 보드게임을 하며 선물 교환을 했어요. 연말에는 보통 1-2주 정도 회사나 가게가 문을 닫는 경우가 많아서, 이렇게 다 같이 오손도손 시간을 보내게 되더라고요. 한국처럼 카페나 외식 문화가 발달한 환경이 아니다 보니, 오히려 집에서 시간을 보내는 일이 더 자연스러워졌어요. 홈 파티를 할 때마다 새로운 취미나 취향을 알게 되는 재미도 있어요. 새로 들인 오븐으로 마들렌이나 소금빵을 구워 온 친구, 새로운 드립 장비로 커피를 내려주는 사람, 취미로 떡을 만들기 시작해 백설기를 가져온 지인도 있었고요. 최근에 들여온 식물이나, 각자의 취향이 묻어나는 주방 그릇들을 보는 것도 즐거워요. 단순히 함께 식사하는 자리를 넘어 요즘 각자가 집에서 어떻게 시간을 보내고 있는지, 무엇에 관심을 두고 사는지를 자연스럽게 들여다볼 수 있거든요. 집만큼 한 사람을 가까이에서 보여주는 공간은 없으니까요.

한국 VFX Visual Effects회사에서 일하다가, 남편과 함께 직업을 계기로 캐나다 밴쿠버로 오게 됐다고요.

제 직업이 익숙하지 않아, 업무에 대해 궁금해하시는 분들이 많으실 텐데요. 영화와 드라마의 시각효과(VFX) 분야에서 캐릭터와 배경의 재질과 색감을 작업하며, 프로젝트 전반을 관리하고 감독하는 역할을 맡고 있어요. 저는 대학 시절부터 영화를 정말 좋아했어요. 어떻게든 영화와 관련된 일을 하고 싶어서 독립영화를 몇 편 만들며 진로를 고민하던 중, 영화 안에 '컴퓨터 그래픽'이라는 분야가 있다는 걸 알게 됐죠. 영화만큼이나 컴퓨터를 좋아했던 터라 곧바로 CG 학원에 등록해 포트폴리오를 준비했어요. 이후 국내 VFX 회사에 취업했고, 처음부터 더 큰 프로젝트를 경험할 수 있는 해외 취업을 목표로

경력을 쌓아왔어요. 약 4년간 한국에서 일한 뒤, 남편과 함께 밴쿠버에서 일자리를 얻게 되었고 그렇게 이곳에 온 지도 어느덧 8년이 되었네요. 개인적으로 거주지를 옮기는 일에 큰 거부감은 없어요. 회사 취업이 결정되는 순간부터 이주는 자연스러운 흐름처럼 느껴졌고, 오히려 해외에서 살아보게 된다는 설렘이 더 컸죠.

하나의 직업 이전에, 미르 씨를 잘 설명하는 성향이나 태도는 무엇일까요?

이런 질문 너무 좋아요(웃음). 저는 제 직업을 사랑하지만, 그 직업 하나로 저라는 사람을 설명할 수는 없다고 생각해요. 기본적으로 내향적이고, 계획을 세우며 목표를 향해 차근차근 나아가는 성향이에요. 정해진 과정을 거쳐 성실하게 쌓아가는 정도를 좋아하고, 요행은 싫어해요. 좋고 싫음이 분명한 편이지만, 제 기준이나 판단을 쉽게 드러내는 건 상대에게 무례할 수 있다고 생각해서, 저를 쉽게 드러내려고 하지는 않아요. 사람에게 가장 중요한 태도는 겸손이라고 생각해서, 말이 앞서는 사람들과는 자연스럽게 거리를 두게 되더라고요. 그런 성향 때문인지 저 자신에게도, 타인에게도 기준이 높은 편이에요. 저를 가장 힘들게 하는 건 결국 저 자신이라는 말을 자주 듣기도 하고요. 그럼에도 불구하고 저는 저를 꽤 사랑하는 편이에요. 내가 선택한 길에 확신이 있고, 거기에 따르는 노력과 결과 역시 제 몫이라고 생각하기 때문에 주어진 상황에 크게 불만을 갖지는 않아요.

캐나다, 그중에서도 밴쿠버는 어떤 도시로 느껴지나요?

사실 저한테 캐나다와 밴쿠버는 꽤 생소한 나라와 도시였어요. 상상으로조차 이주를 떠올려본 적 없는 곳이었거든요. 잘 모른 채 오게 돼서인지, 오히려 모든 것이 새롭게 느껴졌죠. 처음에는 이민 정책이 좋아 전 세계 사람들이 이민이나 유학을 오는 도시 정도로만 생각했는데, 해마다 '내가 살아온 한국과 정말 다른 곳이구나.'라는 길 새삼 실감하게 돼요. 흔히 밴쿠버를 다양한 인종이 모이는 도시, 여름이 특히 아름다운 곳, 겨울에는 비가 잦은 도시로 이야기하는데요. 제가 느끼는 이곳은 전반적으로 모든 것이 느리고 여유로운 도시예요. 유행이나 겉모습에 대한 관심이 크지 않고, 경쟁하거나 눈치를 보는 분위기도 상대적으로 덜하고요.

자연이 정말 멋진 곳이기도 하죠.

맞아요. 무엇보다 대자연을 일상에서 누릴 수 있다는 점이 가장 큰 매력이에요. 한국인으로서 불편하게 느껴지는 지점도 분명 있지만, 완벽한 도시는 없다고 생각해요. 이곳에서 지내며 내가 삶에서 무엇을 가장 중요하게

여기는지를 자주 돌아보게 됐고, 그 과정에서 제가
생각보다 자연을 정말 좋아한다는 것도 알게 되었어요.
서로에게 조금 더 친절하고 웃어주는 이웃이 있다는 점도
좋고요. 밴쿠버가 가진 단점보다 장점이 더 크게 다가와서,
이렇게 오래 머무르고 있나 봐요. 이곳에 사는 분들이
흔히 말하듯, 한국에서보다 몸은 조금 불편해도 마음은 더
편안한 곳이니까요.

**현재 밴쿠버에서 '콘도'에 거주 중이라고 하셨는데요.
그곳의 콘도는 어떤 주거 형태인가요?**
밴쿠버에는 다양한 주거 형태가 있는데, 크게 콘도와
하우스로 나뉘어요. 콘도는 고층 콘도와 저층 콘도로,
하우스는 단독주택과 타운하우스, 듀플렉스 등으로 다시
나뉘고요. 형태에 따라 선택지가 꽤 다양한 편이에요.
그중 콘도는 한국의 아파트와 비슷한 개념이지만, 관리
방식이나 소유 형태, 레이아웃 등에서는 차이가 커요. 저는
하이라이즈 콘도, 즉 고층 콘도에 살고 있고 그중에서도
저층 유닛에 거주하고 있어요. 한국 아파트가 보통 단지
형태로 조성되는 것과 달리, 이곳의 콘도는 한두 동
정도만 단독으로 지어지는 경우가 많아요. 특히 고층
콘도는 중앙에 엘리베이터가 있고, 그 주변을 유닛들이
사방으로 둘러싼 구조예요. 또 하나 다른 점은 방향에
대한 선호예요. 한국에서는 남향을 선호하는 경우가
많지만, 이곳에서는 사람마다 중요하게 여기는 요소가
달라서 각자의 취향에 따라 유닛을 선택해요. 공간 사용
방식에서도 차이가 있어요. 한국에서는 베란다 공간을
확장해 사용하는 경우가 많지만, 이곳에서 테라스는
스트라타(공동주택을 관리하는 법적 조합)가 관리하는
공용 공간에 가까워요. 입주자가 사용할 수는 있지만,
스트라타에서 금지하는 물건을 두거나 미관을 해치는
장식은 할 수 없다는 점이 달라요.

**이전에는 회사와 상업 시설이 밀집한 도심 한가운데에
거주하다가 지금의 집으로 옮기게 되었다고요.**
네, 코로나 이후 바뀐 저희 부부의 일하는 방식이 가장
큰 이유였어요. 저희는 둘 다 같은 VFX 업계에서 일하고
있는데, 당시 회사가 다운타운에 있어 근처의 저층
콘도에서 렌트로 살고 있었어요. 출퇴근이 편리한 대신,
생활과 일의 경계가 분명하지 않은 공간이었죠. 코로나가
시작되면서 회사가 재택근무로 전환됐고, 작업에 필요한
장비들도 집으로 가져와 일을 하게 됐어요. 기존에 살던
원베드룸은 생활과 일을 동시에 하기에는 다소 좁게
느껴졌고, 특히 회의 시간이 늘어나면서 오디오가 서로
겹치는 상황이 잦아졌어요. 그때 작업 공간이 각자
필요하겠다는 생각을 하게 됐죠. 마침 영주권 절차도 진행

중이었고, 주택 구매를 고민하던 시기와 겹치면서 여러
조건이 자연스럽게 맞아떨어졌고요.

**재택근무를 하게 되면서 집을 고르는 기준에도 변화가
있었겠어요.**
지금 집은 방이 아주 넓은 편은 아니지만 총 세 개라서,
각자 작업실로 하나씩 사용하고 나머지 하나는 침실로
쓰면 되겠더라고요. 여기에 덴Den* 공간까지 있어서
물건 보관용 창고처럼 활용하기에도 좋았고요. 무엇보나
주변이 나무로 둘러싸여 있고 잔디 관리가 잘되어 있어서,
테라스로 나가면 숲속에 있는 듯한 느낌이 들어요. 집에
머무는 시간이 길어도 답답하지 않겠다는 생각이 들었죠.
저희 둘 다 일할 때 소리에 예민한 편인데, 유닛이 조용하고
전반적으로 평화로운 분위기인 점도 크게 작용했어요.
재택근무를 시작하면서 식물을 많이 키우게 됐는데, 넓은
테라스에 식물들을 내놓기에도 좋아 보였고요. 또 하나
중요하게 생각했던 건 특정한 뷰였어요. 나무의 머리쯤에
시선이 걸리는 저층의 풍경이요. 집에서 보내는 시간이
절대적으로 많아질 걸 알았기 때문에, 집 안에서도 계절의
변화를 느끼고 사람들의 움직임이 자연스럽게 보이길
바랐어요. 그러면서도 프라이빗하고 조용한 환경이었으면
했고요. 사실 이런 조건들을 모두 만족시키긴 어렵겠다고
생각하며 시작한 집 찾기였는데, 결과적으로는 모든 게 잘
맞아떨어진 선택이었죠.

**미르 씨가 업무에 집중하기 위해 꼭 필요하다고 느끼는
집의 조건은요?**
저는 소음이 적고 개방감이 있는 환경을 중요하게
생각해요. 다운타운에 살 때는 수시로 다니는 소방차
소리가 은근히 스트레스였거든요. 지금 유닛은 가끔 너무
조용해서, 창문을 열면 바람에 나뭇잎이 부딪히는 소리가
들리는 게 기분 좋게 느껴져요. 업무 스트레스가 많을 때는
테라스로 나가는데, 피곤한 눈에도 좋고 기분 환기에도 큰
도움이 돼요.

**한국에서의 집 선택과 비교했을 때, 밴쿠버에서는 집을
바라보는 기준이 달라졌다고 느끼세요?**
한국에서는 뷰보다는 접근성이었죠! 회사와 가까운지,
교통은 편한지, 편의 시설이 주변에 있는지 같은 조건들이
우선이었어요. 풍경은 어떻게 보면 옵션에 가까웠죠.

---

*덴: 정해진 기능 없이 개인적인 활동에 따라 쓰이는 집 내부의
　　다목적 공간.

반면 캐나다에서는 어차피 이동 대부분을 차로 하다 보니, 위치보다는 집에서 얻는 경험이 더 중요했어요. 단순히 잠만 자는 공간이 아니라, 일하고 요리하고 취미 생활을 온전히 즐기는 곳이라는 인식이 생겼어요. 자연스럽게 집 안에서 바라보는 바깥 풍경도 더 중요해졌죠.

통창 밖으로 펼쳐진 자연 풍경을 보고, 이 집 이야기를 꼭 들어보고 싶다는 생각이 들었어요(웃음).
저희가 이곳에 반하게 된 이유도 바로 그 통창 때문이었어요. 매물이 올라오는 사이트에서 우연히 마주한 사진 한 장에 마음이 끌려 보러 오게 된 집이었는데, 그렇게 지금의 저희 집이 되었죠. 이 집에서는 하루 종일 머물러도 행복할 것 같다는 확신이 들었거든요. 집을 알아보기 시작한 지 2주도 채 되지 않아 남편과 이사하기로 결정했어요. 통창 너머로 보이는 곳은 사실 골프장이에요. 골프장을 끼고 있는 집이라니! 사시사철 잘 관리된 풍경 위로, 그 공간을 가꾸는 사람들과 골프를 즐기는 사람들의 움직임을 비교적 가까이에서 바라볼 수 있다는 점이 너무 특별해요. 집 안에서 바라보는 이 장면은 이 집만의 시그니처 같은 풍경이에요. 그래서 거실을 꾸밀 때 가장 많이 신경 썼어요. 캐나다는 가구 선택의 폭이 비교적 제한적인 편이라, 가능한 범위 안에서 최선을 찾으려 노력했죠. 개방감은 살리되 너무 차갑지 않도록, 안락하면서도 창밖 풍경을 해치지 않는 분위기를 만드는 데 집중했어요.

재택을 하며 이전보다 더 신경 쓰게 된 일상의 루틴이 있다면요?
요리하는 시간이요. 코로나 직후, 집에서 배달 음식을 많이 시켜 먹으면서 건강이 많이 무너졌다고 느낀 적이 있어요. 그때부터 요리에 더 관심을 갖게 됐죠. 베이킹을 하는 유튜브를 시작하기도 했고요. 재택근무를 하면서 맞이하는 점심시간은 딱 한 시간인데, 그 안에 요리부터 뒷정리까지 다 하려면 정말 타이트해요. 그럼에도 배달을 시키거나 음식을 미리 대용량으로 해두지 않는 이유는, 시간을 조금 더 쓰더라도 점심만큼은 건강하고 신선하게 먹고 싶기 때문이에요. 저녁은 비교적 가볍게 먹자는 주의라, 점심은 먹고 싶은 메뉴를 제대로 만들어 먹으려고 해요. 남편도 요리를 잘하고 주방일에 익숙한 편이라, 주어진 시간 안에서 둘이 호흡을 맞춰 한 끼를 완성해 내는 과정이 마치 작은 미션 같기도 해요.

두 분의 서로 다른 점은 집에서 어떻게 드러나는지 궁금해요.
결혼하면서 느낀 건, 참 비슷한 만큼 다르다는 거예요.

저도 저 자신을 늘 새롭게 발견하는데, 배우자는 얼마나 더 새로울까요(웃음)? 제가 알아가고 있는 제 모습은, 어느 정도 강박이 있고 규칙과 질서를 중요시한다는 거예요. 물건이 없어야 한다는 건 아니지만, 그 자리에 있을 이유가 납득되어야 하죠. 그래서 공간을 구성할 때 시간이 많이 걸리는 편이고, 싫증도 잘 느끼기 때문에 구조도 자주 바꾸는 편이에요. 반면 남편은 공간에는 크게 예민하지 않아요. 그래서 많은 부분을 제가 하고 싶은 대로 서포트해 줘요. 집 안에서의 공간 활용도 차이가 드러나는데요. 제 방은 일하는 자리는 최소화하고, 대부분 식물을 놓거나 취미 생활을 위한 공간으로 꾸몄다면, 남편 방은 업무 중심으로 깔끔함과 효율성을 중점에 둔 공간으로 꾸며져 있어요.

집 안에서 가장 '나답다'고 느끼는 장면을 하나 꼽는다면 어떤 순간일까요?
청소할 때요. 아이러니하지만, 저는 집을 청소할 때가 가장 힘들면서도 가장 행복한 순간이에요. 집이 생기기 전까지는 이렇게까지 모든 공간을 신경 쓰지 않았는데, 이제는 집 구석구석까지 돌보게 되었어요. 저는 물건을 새것처럼 아껴 쓰고 깨끗하게 오래 쓰는 걸 좋아하거든요. 좋아하는 오브제들을 디스플레이하고 꾸미려면 그만큼 부지런하게 청소해야 한다는 뜻이죠. 해야 할 일을 미루지 않고 해냈다는 성취감과 뿌듯함도 크고요.

이 집은 지금의 미르 씨에게 어떤 역할을 하고 있다고 느끼시나요?
엄청난 마음의 안식처죠. 솔직히 저는 인생의 목표가 집이었다는 생각이 들어요. 크고 비싼 집이 아니라 저에게 맞는 안식처 같은 집요. 내가 사랑하는 것들로 채워갈 수 있고, 싫어하는 것들은 들여놓지 않는 제 마음과 가장 가까운 공간이에요. 밖에 비바람이 치거나 폭설이 올 때, 집 안에 있는 걸 좋아해요. 내가 보호받고 있다는 절대적인 안정감을 느끼거든요. 그런 공간을 누구의 도움 없이, 이 낯선 땅에서 일구어냈다는 건 노력과 성취의 결과물이기도 해요. 저희 부부의 첫 집이 밴쿠버라니. 어찌 의미 없지 않을 수 있겠어요.

지나온 나의 집에게

우리가 살았고, 우리를 살게 했던 집. 나를 거쳐 간 그 집은 어떤 얼굴로 기억될까.

에디터 황진아　글 봉현, 이새란, 김미리　일러스트 유수지

안녕,
나의 연남아파트

세계여행을 끝내고 돌아온 후 첫 번째 집은 빨간 벽돌 건물의 옥탑방이었다. 두 번 다시 돌아오지 않겠다고, 영원히 떠돌며 살고 싶다 생각한 적도 있었지만, 결국 서울에 정착하게 되었다. 하지만 이십 대의 방황이 내게 작가라는 직업을 갖게 할 줄이야. 좋아하는 일로 먹고살 수 있다는 것만으로도 감사했지만, 모아둔 돈은 없고 수입은 넉넉지 않았기에 한 칸짜리 옥탑방, 반지하보다는 훨씬 낭만적인 보금자리였다. 그곳에서 여백이를 가족으로 맞았다. 첫눈이 펑펑 오는 날, 내 모자 속으로 쏙 들어온 작은 아기 고양이. 너무나 귀엽고 사랑스러운 한 존재가 내게 처음 겪어보는 행복과 기쁨을, 그리고 동시에 절망과 슬픔을 주었다. 희귀한 심장병을 앓는 여백이를 간호하며 지내던 어느 날, 집주인에게 퇴거 통보를 받고 급히 집을 구해야 했다. 동물병원 병원비를 대느라 여유가 없던 터라 막막하기만 했다. 그러던 중 우연히 카페 게시글을 보고 찾아간 집이 있었다. 공사가 한창인 공원 맨 끝자락, 5층짜리 오래된 아파트였다. 나보다 더 나이를 먹은 아파트는 무척 허름했지만 그것마저 정감이 갔다. 화단에는 꽃무늬 이불이 널려 있고, 담 너머 단층짜리 작은 집 앞에는 할머니들이 삼삼오오 평상에 모여 앉아 먹을거리를 다듬고 계셨다. 아기 자전거와 낡은 트럭 등이 촘촘히 세워져 있는 작은 주차장 주위로 빙 둘러싸인 꽃과 나무도 좋았다. 10년간 이 집을 본 적도 없다는 집주인은 그 어떤 수리 요구도 받지 않는다는 조건으로 저렴하게 월세 계약을 해주었다. 2주 동안 직접 페인트칠을 하며 집을 수리했다. 이맘때쯤 여백이가 최고로 아파 병원을 들락날락하느라 피곤과 불안에 지쳐 자주 울면서 공사를 했다. 하지만 여백이를 생각하며 힘을 냈다. 건물 틈이 아닌 큰 창으로 바람에 흔들리는 나무를 바라보는 모습을 보고 싶었다.

여백이와 나는 그 집에서 무척 행복했다. 어느새 연남동은 서울에서 몇 번째로 꼽는 활기차고 유명한 동네가 되었다. 집 바로 앞 공원은 매년 더욱 아름다워졌으며 불어오는 바람을 느끼고 새소리를 들으며 사계절을 온전히 누릴 수 있었다. 그 어떤 곳보다 지금의 내게 최고의 집이라는 것을, 사는 내내 느꼈다.

여백이와는 그 아파트에서 1년 남짓한 시간을 살았다. 혼자가 된 나는 꽤 오랫동안 큰 상실감을 겪었지만, 결국 그 슬픔의 시간을 보호해 준 곳도 그 집이었다. 매일매일의 일상에 최선을 다했다. 책을 세 권 내고, 수없이 많은 그림을 그렸다. 그렇게 살다 보니 어느덧 꽤 능숙한 13년 차 프리랜서 작가가 되어 있었다.

그렇게 8년이라는 세월을 살았다. 이사하는 날 짐을 빼고, 청소 따위 하나도 하지 않고 엉망진창으로 놔둔 채 문을 닫았다. 그리고 대문에 빨간색 스프레이로 X자를 그렸다. 이제, 이 집에는 아무도 살 수 없다. 월세로 10년에 가까운 세월을 한곳에서 살 줄은 몰랐다. 또한, 내가 그 집의 마지막 사람이 될 줄은 더더욱 몰랐다.

이제 연남동에서 제일 오래된 이 아파트는 역사 속으로 사라진다. 조만간 아파트가 철거되어 빈터만 남은 공간을 보면 어떤 생각이 들까. 나의 한 시절, 수없이 좌절하고 수없이 도전하던 책상 앞, 팬데믹 기간에도 포기하지 않고 견디던 일상의 공간, 오롯이 나 스스로 1인분의 삶을 해내기 위해 최선을 다하던 나의 집. 나의 셸터이자 나의 모든 것이던 집. 앞으로 어떤 집에 살더라도, 나는 아마 이곳을 평생 잊을 수 없을 것이다. 나의 연남아파트. 이제 안녕.

봉현

14년 차 프리랜서 일러스트레이터 & 에세이스트. 《단정한 반복이 나를 살릴 거야》, 《그럼에도 나는, 아주 예쁘게 웃었다》, 《여백이》 등을 출간했고, 수십 권의 책 표지 그림을 그렸다. 광고, 잡지, 기업 등과 자유롭고 다양한 방식으로 일하고 있다.

두 개의
직육면체

하숙집, 고시원, 반지하, 원룸. 자취를 시작하고 내 공간은 대체로 한 개의 직육면체로 이루어졌다. 그 안에는 대체로 책상과 의자, 냉장고와 세탁기, 때로는 TV와 침대까지 갖춰져 있었고 그 덕에 크게 짐이 늘어날 일은 없었다. 혼자 산 14년 동안 일곱 번 이사를 했는데, 살림살이를 옮기는 데는 1톤 트럭 한 대면 충분했다.

이사를 하며 집을 선택하는 기준은 때마다 달랐다. 창밖을 내려다볼 수 있는 집, 안전한 집, 침대를 놓고도 바닥에 앉을 공간이 있는 집…. 일곱 번째 이사를 할 때는 공간이 분리된 집에 살고 싶었다. 작은 거실에 작은 방 하나가 붙어 있는, 두 개의 직육면체로 이루어진 집이었으면 했다. 당시 이직한 회사 근처로 동심원을 그리듯 수많은 집을 둘러보았고, 마침내 구의동의 한 집에 다다랐다. 창밖으로 탁 트인 경치 대신 회색 벽이 가로막고 있었지만, 처음 발을 들이는 순간부터 이상하게 포근하고 마음이 놓였다. 기본적인 사항을 확인하고 계약을 결정했다.

옵션이라고는 세탁기와 냉장고만 있는 그 집에서 텅 빈 두 개의 직육면체를 어떻게 채워갈지는 나의 몫이었다. 또 언제 이사할지 모른다는 생각에 짐을 늘려도 괜찮을까 고민했지만, 잠시라도 내가 좋아하는 것들로 채워 살아보자는 생각이 들었다.

가장 먼저 고른 것은 책장이었다. 거실 한쪽 면을 가득 채운 튼튼한 책장에 책을 넣고 와인병, 카메라, 엽서 같은 좋아하는 물건들을 진열했더니 어딘가 든든했다. 책장 맞은편에는 묵직한 서랍장을 놓았다. 동그란 보름달 모양의 조명을 두 개 사서 책장과 서랍장에 하나씩 올려두고는 형광등 대신 켜고 지냈더니 저녁이 한층 더 따뜻해졌다.

좋아하는 것들로 공간을 꾸미고 나니, 좋아하는 사람들과 함께하고 싶었다. 가까운 사람들을 자주 초대해 함께 시간을 보냈다. 작은 거실에 길쭉한 책상을 놓으면 최대 여섯 명이 앉을 수 있었다. 의자가 부족해 집들이 선물로 가져온 두루마리 휴지 한 팩을 의자 삼아 앉아 있다 스르르 넘어진 일은 아직도 종종 생각나는 즐거운 추억이다.

혼자 있는 시간도 크게 외롭지 않았다. 걸어서 15분 거리인 한강공원이나 어린이대공원으로 자주 산책을 나섰고, 용마산과 아차산에도 자주 올랐다. 집에서 간단히 차려 먹는 샌드위치와 직접 내려 마시는 커피의 매력을 알게 된 것도 그 집에 살면서다. 저녁이면 주황빛 조명 아래서 책을 읽고 와인을 마시는 즐거움도 빼놓을 수 없겠다.

살림을 늘리고 마음을 줬던 그 집에서 2년도 채 살지 못했다. 결혼이라는 변수가 생겼기 때문이다. 이사하는 날 텅 빈 집을 바라보는데 예상보다 아쉽지는 않았다. 오히려 잠깐을 살더라도 나답게 사는 일이 얼마나 풍족함을 주는지 알게 되어 기뻤다. '어디에, 얼마나 살든 지금의 나를 소홀히 대하지 않을 것.' 그 집이 나에게 준 선물이다.

이새란

'남기는 게 남는 것'이라 여기며 일과 육아와 쓰는 일상을 병행하고 있다. 독립출판물 《5분 돌아가는 출근길》, 《아홉 번째 남의 집》, 《중심이동》을 썼다.

방금
떠나온 집

시옷 자를 쓰듯 두 개의 획을 맞대어 긋는다. 그 아래로 미음 자를 적듯이 네모를
그린다. 그 주변에 색색의 꽃과 사과가 달린 나무까지 그려 넣으면 완성이다. 그림
실력이 영 별로였던 어린 시절부터 그림 그릴 일이 잘 없는 지금까지 내가 집을 그려온
방식이다. 아파트에 살던 때나 빌라 원룸에서 살던 때나 나는 이렇게 집을 그렸다.
언젠간 세모진 지붕을 얹은 한옥에서 작은 마당을 가꾸며 살기를 꿈꿔왔기 때문일까.
2019년 가을, 충남 금산의 오래된 촌집을 덜컥 샀다. 서울에 일터를 둔 사람이,
다 쓰러진 폐가를, 그것도 빚을 내어 사다니…. 주변 사람들이 혀를 끌끌 찼다. 저지른
나도 깜짝 놀랐으니 다른 이들의 반응이야 당연했다. 그 후 주말마다 서울과 금산을
오가며 집을 고쳤다. 어떤 날은 무너진 천장을 보수하고, 또 어떤 날은 지붕을 올리고
창을 달았다. 돌밭을 갈아 텃밭과 화단을 만들기도 했다. 해가 바뀌고 봄이 왔을
때부터는 본격적인 주말 시골살이를 시작했다. 평일엔 도시에서 일하고 주말에만
시골에 머무는 생활을 시작한 것이다. 사과 대신 사과대추나무를 심었고, 나보다 벌레를
더 많이 먹는 작물을 키웠고, 꽃보다 잡초가 번성하는 화단을 만들었지만 말이다.
그렇게 다섯 번의 사계절을 맞이하고 또 보냈다.
얼마 전, 나는 시골집 매매계약서에 다시 도장을 찍었다. 이번에는 매수인이 아니라
매도인의 자리에 이름을 올렸다. 금요일 밤마다 부리나케 달려가던 집을, 작물을
심고 키우며 나를 돌보는 법을 배운 텃밭을, 서툰 시골살이의 스승이 되어주신 이웃
어르신들과 마을을 완전히 떠나겠다는 의미였다. 떠날 채비를 하는 건 집 구하는 일보다
어려웠다. 집의 소유권과 함께 나의 어떤 부분이 흔적도 없이 사라져 버릴 것 같았다.
나는 차일피일 결정을 미뤘다. 시골집에 가지 못하는 주말이 점차 많아지는데도
'좀 더 두고 보자.'를 반복했다. 그사이 몇 달이 훌쩍 지났다. 그러던 어느 날, 몇 주간
비워두어 쓸쓸함과 싸늘함이 느껴지는 시골집의 문을 열며 깨달았다. 내 인생에서 가장
아름다운 시절로 꼽을 날들을 보낸 집, 삶이 이토록 충만할 수 있다는 걸 알려준 집이,
이제 다른 이에게 건너가 아름답고 충만한 시절을 만들어줄 때가 되었다는 걸. 집이
나를 돌보아주었듯 집 역시 꾸준하고 다정한 돌봄을 받을 필요가 있다는 걸. 나뭇가지를
모아 둥지를 짓는 새처럼 찬찬히 고치던 나의 시골집, 수풀집이라 이름 붙인 나의 세계,
그리고 집과 함께 보낸 시절은 절대 사라지지 않을 거란 사실도. 여전히 나는 시옷과
미음으로 집을 그린다. 그 모양이 바뀌지 않는 한, 나는 또 다른 수풀집을 만날 것이다.
그 집과도 아름다운 시절을 만들 것이다.

김미리

이야기로 집을 짓고 초대하는
사람. 콘텐츠 기획자. 《아무튼,
집》, 《금요일엔 시골집으로
퇴근합니다》, 《우리는 나란히
계절을 쓰고》를 썼다.

제목은 김초엽 작가의 《방금 떠나온 세계》를 차용하였음을 밝힌다.

집으로부터 우리는

멈추고, 비워지고 다시 채워졌던 영화 속 집의 시간들.

글 황진아

ⓒ 〈미나리〉

ⓒ 〈소공녀〉

ⓒ 〈남매의 여름밤〉

가족이라는
보금자리

정이삭 〈미나리〉(2020)

"이곳이 지금부터 우리가 살 집이야."

〈미나리〉는 1980년대, 더 나은 삶을 꿈꾸며 미국으로 건너온 한 한국인 이민자 가족의 이야기로 시작된다. 이들은 더 이상 물러설 곳 없이 미국 남부 아칸소의 황량한 벌판까지 밀려온다. 부부에게는 의젓한 첫째 딸 앤과 심장이 약한 아들 데이비드가 있다. 가족이 새 삶을 시작한 곳은 사람이 살 것 같지 않은 넓은 들판 한가운데 놓인 트레일러다. 바퀴 달린 집, 언제든 떠날 수 있는 집. 동시에 어디에도 속하지 못한 이들의 임시 거처이자 마지막 선택지다.

제이컵은 아칸소를 "미국에서 가장 기름진 땅"이라 부르며, 광활한 풀밭에 한국 채소를 심어 농장을 꾸리려 한다. 그 선택은 생계를 위한 판단이자, 이민자로서의 정체성을 포기하지 않겠다는 선언처럼 보인다. 반면 모니카에게 이 집은 불안의 집합체. 문조차 제대로 달리지 않은 트레일러, 병원까지 한 시간 넘게 걸리는 거리. 심장이 약한 아들을 떠올릴수록 마음은 좀처럼 놓이지 않는다.

그러던 중 이 집에 또 다른 변화가 찾아온다. 부부 사이의 간극을 메우기 위해 제이컵이 모시자고 제안했던 장모 순자가 집에 도착하면서다. 영어가 더 익숙한 데이비드에게 '한국 냄새'가 나는 할머니는 이해하기 어려운 존재다. 쿠키를 굽지도 못하고, 욕을 하고, 미국 할머니와는 전혀 다른 모습의 순자가 마음에 들지 않는다. 그러나 순자는 먹고 사는 문제 앞에서 서로의 안위를 살필 여유조차 없던 집에 숨 쉴 공간을 만들어준다. 순자와 데이비드는 장난을 치고, 갈등하고, 함께 뛰며 서서히 가족이 되어간다. 그녀가 데이비드를 데리고 가 근처 물가에 심어 놓았던 미나리처럼, 집은 조금씩 예상하지 못한 방식으로 자라나기 시작한다.

순자의 실수로 그간 재배해 온 농작물과 꿈을 모두 잃은 밤, 가족은 트레일러 거실에 처음으로 나란히 누워 잠을 청한다. 마치 서로가 서로의 집이 되어주는 것처럼. 내일의 고난을 알면서도, 이곳에서 숨을 고르고 다시 발 디딜 수 있으리라는 믿음으로.

영화 말미에 제이컵과 데이비드는 할머니가 심어둔 미나리 밭으로 향한다. 잿빛으로 내려앉은 상실 위에서도, 물가 곁에서 조용히 뿌리를 내린 미나리를 보며 제이컵은 말한다. "알아서 잘 자라네. 데이비드, 할머니가 좋은 자리를 찾으셨어." 낯선 땅에서도 뿌리를 내리고 자라나는 미나리처럼, 어디에 심기든 살아남아 결국 자라나는 것, 그것이 미국에서 자신만의 집을 찾아다니던 한 가족이 선택한 방식이다.

©〈미나리〉

부재했기에
가장 안전한 공간

전고운 〈소공녀〉(2017)

<u>"집이 없어도 생각과 취향은 있어."</u>

미소는 햇빛이 겨우 스며드는 단칸방에 산다. 겨울이면 여러 겹의 옷을 껴입어야 버틸 수 있는, 춥고 허름한 공간이다. 가사도우미로 하루를 이어가며 그는 위스키 한 잔과 담배, 오래된 연인 한솔과 보내는 시간을 가장 소중히 여긴다. 그러던 어느 날, 월세 인상과 담뱃값 인상 소식이 동시에 들려온다.

가계부 앞에 앉아 계산하던 미소는 뜻밖의 결론을 낸다. 집을 포기하기로 한 것이다. 자신의 취향을 희생하는 대신, 잠시 '여행길'에 오르기로 한다. 그렇게 미소는 대학 시절 밴드 동아리 친구들의 집을 하나씩 전전하는 생활을 시작한다.

선물로 줄 계란 한 판을 들고 최소한의 짐만 챙긴 채 길에 나선 미소가 마주하는 것은, 기억 속 친구들과는 다른 현재의 얼굴들이다. 회사에서 몸을 혹사한 채 링거를 맞으며 하루를 버티는 문영, 시부모의 눈치를 보며 가사 노동에 매인 현정, 실패한 결혼 이후 홀로 남은 아파트에서 밤을 견디는 대용. 겉으로 보기엔 '집이 있는 삶'이지만, 저마다의 사정으로 고달픔과 애환이 가득하다. 미소는 집이 있음에도 결코 안정적이지 않은 삶의 여러 단면을 마주한다.

마지막으로 도착한 집은 대저택에 사는 정미의 집이다. 과거에 미소에게 도움받았던 일을 떠올리며 정미는 그를 기꺼이 맞이하지만, 가정을 이룬 정미의 남편과 함께한 식사 자리에서 뜻밖의 일이 생긴다. 과거 밴드를 함께하던 시절을 언급한 미소의 말이 남편 앞에서 곡해되고, 정미는 이를 바로잡지 못한 채 불안에 휩싸인다. 결국 그 균열은 미소를 이 집에서도 떠나게 만든다.

더 이상 머물 곳이 없어진 미소는 다시 서울의 집들을 찾는다. 그에게 필요한 건 '빛이 드는 큰 창' 하나뿐이지만, 서울에서 그런 집을 구하기 위해서는 미소가 감당하기 벅찬 보증금과 불안한 조건을 전제로 한다. 이 도시에서 집을 갖기 위해서는 자신을 지탱해 온 기준들을 내려놓아야 한다는 사실을 그는 다시 깨닫는다.

결국 미소는 한강 변에 텐트를 친다. 빚 없이 살겠다는 자신의 기준을 지키면서도, 원하는 위스키와 담배도 내려놓지 않는다. 집 없이 사는 삶이 분명 '스탠더드'한 선택도 아니고 누군가에게는 '유니크'하게 여겨질 일이지만, 미소는 안다. 텐트 천장에 매단 작은 랜턴의 빛이, 자신의 세계를 지키기 위한 가장 안전한 선택이라는 것을.

ⓒ〈소공녀〉

그 여름,
남매를 품은 집

윤단비 〈남매의 여름밤〉(2019)

"애들 방학 동안만이라도 여기서 지낼까 봐요."

재개발을 앞둔 반지하 집에서 영화는 시작된다. 짐이 모두 빠진 방을 한참 둘러보던 옥주는 아버지의 재촉에 차에 오른다. 더는 머물 수 없는 집을 뒤로하고 남매는 아버지를 따라 할아버지 집으로 향한다. 부모의 이혼, 불안정한 생계 그리고 할아버지 집으로의 이사까지, 옥주의 삶은 늘 어른들이 정한 방향으로 옮겨 다녔다.

할아버지 집은 도시 외곽의 오래된 2층 단독주택이다. 낡은 가구와 전축, 재봉틀과 벽시계, 텃밭의 채소와 포도나무가 남아 있는 이 집은 이전에 살던 공간과는 전혀 다른 시간을 품고 있다. 남매는 이 집에서 여름방학을 보낸다. 콩국수를 먹고, 모기장을 치고, 마당과 방 안을 오가며 낯선 공간에 조금씩 몸을 익힌다.

이곳은 옥주의 가족뿐 아니라, 결혼 생활의 균열을 안고 돌아온 고모까지 모여드는 임시 거처가 된다. 여름방학 동안 집은 모두의 피난처로 기능하지만, 할아버지의 병세가 깊어지면서 생긴 돌봄의 문제는, 어른 남매가 집을 팔고 할아버지를 요양원에 모시는 선택을 고민하게 한다. 그 고민을 들은 옥주는 "할아버지 집에 우리가 얹혀 있는 게 아니냐."고 말한다. 그 말 뒤로 어색한 침묵이 내려앉는다.

여름이 끝나갈 무렵, 할아버지는 갑작스레 세상을 떠난다. 장례 이후 고모는 자신의 자리로 돌아가고, 옥주의 가족은 할아버지 집으로 다시 온다. 할아버지 집은 여전히 그 자리에 있지만, 더 이상 예전과 같은 의미로 머물 수는 없다.

저녁을 먹다 말고 옥주는 처음으로 쏟아내듯이 운다. 할아버지를 상실한 슬픔 속에, 미처 말로 하지 못하는 감정들을 함께 터트렸을 것이다. 멀어질수록 선명해지는 엄마의 부재, 처음 겪는 애틋한 사랑의 실패와 어린 자신이 해결할 수 없는 현실적인 문제 앞에서 느꼈을 무기력함까지.

옥주와 동주 그리고 아빠와 고모. 어린 남매와 어른 남매 모두에게 이 집은 각기 다른 이름으로 남게 될 것이다. 그해 여름이 오래 붙잡고 싶은 시간은 아니었을지라도 쉽게 잊히지는 않을 듯하다. 각자의 마음에 남은 미완의 감정들이

ⓒ〈남매의 여름밤〉

그 집에 머물던 여름밤처럼 문득 떠오를 때마다, 그들은 그리워하고 후회하며, 쓰리고도 반짝거리던 그 계절을 마주하게 될 것이다.

잘가라, 나의 짐들이여

《집안일이 귀찮아서 미니멀리스트가 되기로 했다》

작가 에린남은 매일 아침 눈뜨자마자 같은 생각을 했다. '집안일을 하고 싶지 않아!' 신혼 초에는 소꿉장난처럼 즐겁던 집안일도, 살림살이가 늘어나자 끝없이 반복되는 숙제가 되었다. 때로는 집안일로 남편과 사소한 다툼이 일어나기도 했다고. 그러던 어느 날, 그는 미니멀리스트 사사키 후미오가 나오는 영상을 만났다. 텅 빈 방에서 꼭 필요한 도구만으로 살아가는 그의 모습에서 해답을 발견한 기분이었단다. 짐을 비워가는 여정을 담은 이 책을 열며 에린남은 솔직하게 말한다. "그러니까 나는 집안일이 하기 싫어서, 너무 귀찮아서 미니멀리스트가 되기로 한 것이다." 이 담백한 고백에서 비우기의 기술 세 가지를 건져 올렸다.

글 **차의진** 자료 제공 **상상출판**

추억이라는 이름의 짐을 버려요

미니멀리즘 라이프스타일을 나누는 유튜버이자 작가인 에린남에게도 초보 미니멀리스트이던
시절이 있었다. 그가 짐을 줄이기 시작하며 가장 버리기 어려웠던 건 '추억의 물건'이었다고.
그 마음을 모를 리 없다. 누구나 하나쯤 가지고 있을 추억의 상자에는 학창 시절 친구와
주고받은 쪽지, 전 직장 명함, 여행지에서 주워 온 예쁜 돌 같은 것들이 가득하다. 평생
이고 지고 살 수는 없을 것 같지만, 버리자니 내 과거가 통째로 사라지는 듯한 기분도 든다.
에린남의 발목을 붙잡은 생각 역시 "추억의 물건은 한 번 사라지면 영영 이별"이라는
두려움이었다. 하지만 어릴 적 낙서나 쓰지 않는 예쁜 편지지까지 굳이 간직할 이유는 없었다.
그는 결국 상자를 비우기로 결심한다. 다른 물건을 정리할 때는 '실용성'을 기준 삼았지만,
추억의 물건 앞에서는 새로운 원칙을 세웠다. 첫째, "지금도 마음이 가고 좋아하는 감정이
남아 있는 것"은 남긴다. 둘째, "더 이상 의미가 없거나 마음속에만 간직해도 충분한 물건"은
아쉽지만 작별한다. 손때 묻은 기억의 조각들은 곁을 떠났지만, "언제든 그 시절을 떠올릴 수
있는 내가 여기 있다"는 생각이 그를 가뿐하게 만들었다.
특별한 원칙도 있었다. 누군가에게 소중한 물건이라면 버리지 않는 것. 부모님 댁 수납장을
열면 우리 집 삼 남매의 그림일기가 수북이 쌓여 있다. 나조차 다시 펼쳐보지 않는 일기를
엄마는 왜 오랜 세월 버리지 못했을까. 에린남은 자신에게는 큰 의미가 없더라도, 엄마에게
각별한 물건이라면 남겨두었다. 그것은 더 이상 내 것이 아니라 엄마의 것이기 때문이다.
그렇게 에린남이 학창 시절에 받은 상장들은 고스란히 집에 남았다.

지금의 나도 모르는 거라 기대돼.

언젠가 입을 거라는 착각을 버려요

에린남의 옷장은 간소하다. 과연 이 정도로 충분할까 싶지만, 그는 조금도 부족하지 않다고
말한다. 옷에 관심이 없거나, 꾸미기를 어려워해서가 아니다. 그 역시 여느 사람처럼 평범한
의류 소비의 시간을 지나왔다. 사회 초년생 시절 충동적이고 습관적으로 샀던 옷들. 살림을
시작하며 절약을 이유로 무심코 들여온 값싼 옷들. 그 옷들이 옷장에 남아 있던 이유는
단 하나였다. '언젠가는 입겠지.'
그렇게 버리지 못한 옷은 차곡차곡 쌓였지만, 손이 가는 복장은 늘 비슷했다. 아까운 마음에
오래된 옷을 입고 의기양양하게 집을 나서도, 어색함에 기분만 상한 채 돌아오곤 했다고.
그의 이야기를 듣다 보면 지금의 내가 겹쳐 보인다. 외출을 앞두고 이것저것 꺼내 입어 보느라
방바닥은 옷으로 수북해지고, 결국 마음에 드는 건 몇 벌뿐이다. 그렇게 옷장은 점점 숨 쉴
틈을 잃고, 바지와 니트, 재킷이 뒤엉킨 채 불어난다.
나와 다르지 않았던 에린남이 옷을 비워내는 데에는 꽤 오랜 시간이 필요했다. 그렇게 정리해
낸 옷이 큰 봉지로 세 개나 되었다고 한다. "오랜 시간 옷을 비우며, 옷장에 쌓여 있던 것이
단순히 옷만은 아니라는 걸 알게 됐다. 이 공간은 욕심과 허영, 물건에 대한 집착으로 가득 차
있었다." 그의 말을 곱씹다 보니, 사실 내게 필요한 물건은 생각보다 훨씬 적을지도 모른다는
생각이 든다. 욕심과 집착에 '필요'라는 이름을 붙여 무겁게 끌고 다닌 건 아니었을까. 마음에
오래 남은 그의 문장을 이곳에 옮겨둔다. "옷장 겉모습만 좋아진 것이 아니었다. 옷과 나와의
관계도 좋아졌다. 옷의 양이 줄어들자 이전보다 내 옷들을 더 소중하게 생각하게 됐다."

〈작지만 완벽한 옷장〉 2020년 버전
재킷
반팔 티셔츠
어두운색 치마
검은색 바지
청바지
흰 셔츠
검은색 원피스
캐미솔 원피스
재킷
후드 집업
반바지
편한 바지
목도리
목 폴라티
긴팔 티셔츠
코트
패딩 재킷
민소매 니트
운동복
벙거지 모자
니트 모자

새로운 집에서 사지 않기로
마음먹은 물건들

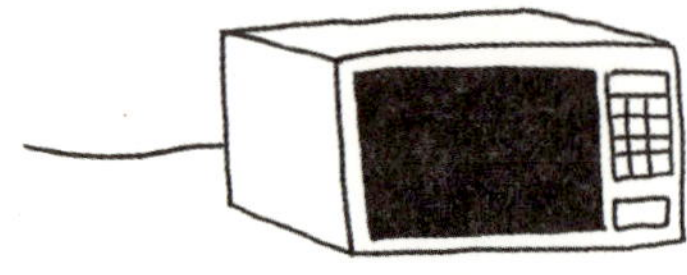

전자 레인지
이유: 사용 빈도가 낮기 때문에

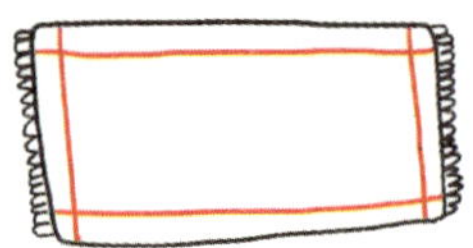

러그
이유: 관리가 어려워서

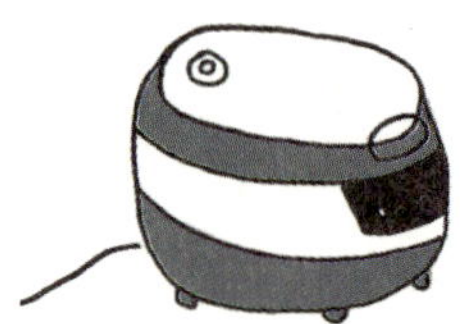

현관 매트 주방매트

이유: 1. 필요하지 않아서
   2. 관리해줘야 해서

전기밥솥
이유: 냄비밥을
   짓기 시작했다

액자
이유: 그림이나
사진을 벽에
붙여두는 게
더 좋아서

식물

장식품
이유: 이미 가진 것으로
   충분해서

이유: 1. 식물을 잘 못 키워서
  2. 집 안이 허전하다는
   이유로 식물을 구입하지
   않으려고.
   잘 돌봐줄 수 있을 때까지
   미루려고 한다

버리기 전 물어봐요

미니멀리즘 라이프는 모든 것을 버리고 부족함을 꾹 참는 생활이 아니다. 나에게 꼭 필요한
것만 남겨두고, 그 안에서 충분함을 느끼며 살아가는 방식이다. 그래서 미니멀리즘은
끊임없이 스스로 질문하게 만든다. 나는 무엇을 중요하게 여기는 사람인지, 무엇이 필요한지,
그리고 진정한 나는 누구인지. 취향으로 가득 찬 방에서 살아가는 맥시멀리스트만이 자신을
잘 들여다보는 것은 아니다. 미니멀리스트 역시 자신의 생활 방식과 선호를 분명히 아는
사람이기에 덜어낼 수 있다. 초보 미니멀리스트를 위해 에린남은 물건을 비울 때 스스로
던져보면 좋을 다섯 가지 질문을 제안한다. 그중 하나를 살펴본다.

Q. 나를 위한 물건인가, 남을 위한 물건인가?

에린남은 물건을 비워내면서 왜 이걸 가지고 있는지 의아했던 순간을 여러 번 마주했다.
가만히 들여다보니 발견한 것은 "남에게 보여주기 위한 마음. 더 정확히 말하면 더 나은
사람처럼 보이기 위해 나를 포장하는 물건"이었단다.
취향으로 둘러싸인 삶을 꿈꾸며 나 역시 작고 귀여운 것을 끊임없이 원했다. 독특한 행주와
티코스터, 아름다운 커튼을 저장해 두고 언젠가는 사고 말 것이라 다짐했다. 그 물건이
필요해서라기보다, 예쁜 물건이 가득한 공간에서 머무는 내가 되고 싶었다.
에린남은 다 썼지만 여전히 화장실에 전시하듯 두었던 고급 브랜드 디퓨저, 더 이상 신지
않는 유행 신발 앞에서 자신을 솔직하게 직면했다. 그 물건들은 마치 "'나도 이런 거 사봤고
써봤어.'라고 말하고 싶은" 흔적처럼 보였단다. 그때의 자신이 조금 민망하게 느껴진다고
말하는 그는, 나에게 필요한 물건만 남은 공간에서 진정한 편안함을 느낀다.
미니멀리즘 라이프스타일은 단순히 필요 없는 물건을 버리는 데서 끝나지 않는다. 굳이
끌어안지 않아도 될 욕심과 과시, 불필요한 추구를 함께 내려놓는 일에 가깝다. 진정한 내가
되는 삶은 무언가를 더하는 대신 빼는 것에서 시작될지도 모른다.

Book—《집안일이 귀찮아서 미니멀리스트가 되기로 했다》에린남 | 상상출판

Brand
FINCA

나를 덮는 예술

예술은 아름다움을 표현하려는 인간의 모든 활동과 그 결과를 말한다. 형식과 재료에 제한이 없는 만큼, 라이프스타일 브랜드 핀카는 침구와 파자마 같은 리빙 패브릭에서 예술의 가능성을 발견했다. 가장 가까운 일상에서 만나는 예술은 하루의 시작과 끝을 함께하며, 우리를 재우고 조용히 돌본다.

에디터 차의진   자료 제공 핀카

나로 존재하는 최소한의 세계

바쁜 하루를 마치고 쓰러지듯 침대에 눕는 밤. 머리맡에
놓인 작은 도구 하나만으로도 우리는 금세 행복해진다.
오래전 고심 끝에 고른 조명이 여전히 만족스럽게 다가오고,
구석에 놓인 액자가 방과 잘 어울린다고 느껴지는 순간은
이따금 찾아온다. 방은 그저 잠을 자고 물건을 보관하는
장소가 아닌, 나를 발견하는 근원적인 공간이 분명하다.
라이프스타일 브랜드 핀카가 바라보는 방 역시 "한 사람이
자신으로 존재할 수 있는 가장 개인적인 장소"다. 핀카는
정답이 정해진 인테리어에 나를 맞추기보다, 각자의 선택과
시간이 겹겹이 쌓인 공간을 지향한다.

"쉬고, 잠들고, 생각하며 다시 살아갈 힘을 회복하는 곳.
방은 스스로를 가장 잘 돌볼 수 있는 최소한의 세계라고
생각합니다. 핀카는 그 한 칸의 공간이 누군가에게는
자유롭고 편안하며, 자신을 있는 그대로 받아들이는
장소가 되길 바랍니다."

'Finally, creative artistic world(마침내, 창의적이고 예술적인
세계)'의 약자를 딴 핀카FINCA는 2021년 첫발을 내딛었다.
예술이 일상 속으로 자연스럽게 스며들기를 바라는 마음을
이름에 담았다고. 이후 선보여온 제품은 감각적인 색과
패턴이 돋보이는 침구를 비롯해 의류, 테이블웨어까지
이어진다. 남다르되 이질적이지 않고, 개성이 분명하지만 삶
안에서 자연스럽게 작동하며 오래 곁에 둘 수 있는 도구를
만드는 것. 그것이 핀카가 예술을 대중화하는 방식이다.

핀카가 예술의 가능성을 리빙 패브릭에서 발견한 이유도
여기에 있다. 침구와 파자마, 타월은 일상적으로 사용하는
도구이기 때문이다.

"리빙 패브릭은 하루의 시작과 끝을 함께하는,
가장 일상적인 디자인 매체입니다. 매일 우리와 닿으며
무의식적으로 개인의 취향과 감도를 형성합니다.
이 지속적인 경험은 디자인의 영향력이 가장 강하게
작동할 수 있는 지점이라고 생각해요."

핀카가 말하는 예술은 전시장을 찾아가야만 만날 수 있는
무언가가 아니다. 리빙 패브릭을 통해 경험하는 생활의
기본이며, 소유의 대상이 아니라 함께 살아가는 존재에
가깝다. 거창한 오브제보다 나의 취향이 깃든 부드러운
도구들로 채워진 삶. 그것이 핀카가 그리는 예술적인
일상이다.

다채로운 취향을 위해

방에서 패브릭은 벽지나 바닥재만큼 분위기를 결정하는
중요한 요소다. 따라서 나만의 방을 꾸리고 싶은 이들에게
베딩이나 러그의 색과 디자인을 신중히 고르는 일은 필수다.
특히 핀카는 일반 침구류에서 찾기 어려운 다채로운 색의
커버를 선보이고 있어, 취향이 또렷한 방을 원하는 이들에게
좋은 선택지가 되어준다. 핀카는 좋은 소재에 희소한 컬러와
디자인을 더해, 누군가의 공간에 오래 남아 자연스럽게
기억되길 바란다. 핀카와 함께라면 무심코 덮고 말던 이불,
굳이 필요치 않다 여기던 러그는 공간 분위기를 밝히는
요소가 된다.

이들의 궁극적인 목표는 한 존재가 고유한 개인으로
살아가도록 곁에 머무는 브랜드가 되는 것. 그래서 가까운
미래만을 그리지 않는다. 50년, 100년 뒤에도 지금과 같은
모습으로 존재하며, 핀카를 사랑하는 이들이 고유한 모습을
갖춰가는 과정을 지켜보고 싶단다. 누구보다 다채로운
색을 지녔지만, 일상에 소박하게 머물며 존재감을 남기는
브랜드는 핀카가 꿈꾸는 미래다.

많은 사랑을 받아온 대표 서비스는 '레이어드 베딩'이다.
핀카가 여러 색과 패턴을 조화롭게 레이어링해, 이상적인
디자인 조합으로 구성된 침구 커버 세트를 제안한다.
구매자는 침구 사이즈를 선택한 뒤, 핀카가 제안한 조합
안에서 이불 커버·베게 커버·매트리스 커버를 취향에 맞게
고르면 된다. 따로 존재했을 때 각각의 매력이 도드라져
보이던 제품들은 핀카만의 감각으로 조화롭게 모인다.
나에게 어울리는 베딩을 쉽고 직관적으로 선택할 수 있는
방법이다.

My Real Taste

'마이 리얼 테이스트'는 핀카 홈페이지에서 제공하는 베딩 시뮬레이션 서비스로, 모든 침구류를 원하는 대로 구성할 수 있다. 완성된 제품 조합은 그대로 장바구니에 담기며, 이미지로 저장할 수 있다. 핀카 구성원들에게 이 서비스로 각자의 베딩을 만들어 보길 권했다.

1.

2.

1. 박유진 | BX 디자이너

방에 무언가를 들일 때는 긴 쓰임을 먼저 고민합니다. 오래 두어도 바래지 않지만, 분명히 내 선호를 반영해야 하죠. 저처럼 나의 기준이 뚜렷한 사람에게는 취향대로 베딩을 구성할 수 있는 마이 리얼 테이스트 서비스가 도움이 될 거예요. 꾸준히 좋아해 온 잔잔한 색들로 이불과 베개를 선택했습니다. 매력적이지만 조금 과감한 '화문정' 패턴은 매트리스 커버로 골라 은은하게 드러냈어요.

2. 박소정 | 브랜드 마케터

잠이 드는 공간은 밝은 에너지를 품되, 쉽게 들뜨지 않길 바랐습니다. 핑크 차렵이불로 부드러움을 더하고, '딥 퍼플' 매트리스 커버로 채도를 눌러 안정적인 무드로 연출했어요. 솔리드 컬러 위에는 '블랙 빅 도트'와 '마젠타 체인스트라이프' 베개 커버가 발랄한 리듬을 더했으며, 산뜻한 '민트 크림' 베개 커버로 포인트를 더해 과하지 않게 균형을 맞췄습니다.

핀카가 전하는
베딩 레이어링 팁

1. 마이 리얼 테이스트를 이용해 보세요. 면적이 넓은 이불이나 매트리스 커버부터 선택하면 조합이 수월해집니다.

2. 이미지를 저장해 여러 조합을 비교해 보는 것도 도움이 됩니다.

3. 조합이 고민된다면, 핀카가 제안하는 레이어드 베딩 레시피를 참고해 전체적인 방향을 잡아보세요.

4. 가장 개인적인 선택이 가장 창의적인 결과로 이어집니다. 예쁘고 예쁘지 않음의 기준은 없어요. 마음에 드는 것을 고르다 보면, 그 자체로 당신만의 멋이 완성됩니다.

체험하기

일상을 채우는
또 다른 예술

핀카는 한 사람이 '나만의 나'를 만들어가는 여정을 돕고자
한다. 그래서 테이블웨어, 홈웨어, 타월, 액세서리 등으로
카테고리를 확장해 왔다. 이 모든 제품을 관통하는 기준은
색, 디자인 그리고 오래 사용할 수 있는 퀄리티다.

테이블웨어

머그, 그릇, 커트러리 등을 선보인다. 지난해에는 국내
테이블웨어 브랜드 '오덴세'와 협업했다. 핀카의 감각적인
패턴과 오덴세의 섬세한 기술력이 만나, 매일의 식사를
고급스럽고 특별하게 만든다. '레이어드 디쉬'는 핀카가
제안하는 조합으로 구성된 세트다. 핀카의 시선으로 짝을
이룬 코스터와 머그, 그릇과 커트러리 조합을 마주한다면
금세 마음을 뺏길 것이다.

홈웨어

핀카는 어디에서나 나답고 싶은 이들을 위해, 집과 가까운
실외에서 모두 입을 수 있는 파자마를 만들어 왔다. 다양한
체형과 성별을 아우르는 편안한 실루엣이 특징이며, 활동의
편리성을 고려해 넥라인과 팔길이를 세심히 매만졌다.

H. Finca.kr
H. Instagram.com/finca_planet

타월

핀카의 패턴을 자카르 방식(여러 실을 교차해 복잡하고 정교한
무늬를 원단에 짜 넣는 직조법)으로 구현한 타월. 앞뒤가 다른
디자인의 제품은 욕실 분위기에 따라 뒤집어 비치해도 좋다.
작은 사이즈로 핸드 타월, 주방 타월, 운동용 또는
손수건 등 다양한 용도로 사용할 수 있다.

액세서리

스크런치, 장갑, 머플러, 스카프, 양말, 가방까지, 생활
가까이에 놓이는 물건들 역시 핀카의 감각으로 재해석된다.
부담 없는 가격대로 센스 있는 선물로도 제격이며, 앞으로
어떤 도구가 더해질지 기대하게 만드는 카테고리다.

시선이 삶이 되는 곳

AROUND VILLAGE

어라운드는 100권이 넘는 매거진을 통해 나에서부터 시작해
주변의 세계를 바라보는 시선을 건네왔다. 일상의 사소한
순간 속에 숨어 있는 의미와 아름다움을 발견하는 일, 그것이
어라운드가 오래도록 귀하게 여겨온 라이프스타일이다. 우리는
그 시선을 책 속에만 두고 싶지는 않았다. 어라운드가 추구하는
삶을 직접 경험할 수 있는 공간, 이곳은 어라운드 빌리지다.

글 차의진

빌리지의 시작,
어라운드 캠핑 페스티벌

2012년, 어라운드는 한 권의 책을 펴냈다. 주된 소재는 캠핑이었지만, 독자들에게 꼭 전하고 싶었던 건 우리 주변의 작은 것에 귀 기울이고 그 안에서 가치를 발견하는 일. 매거진을 덮은 이들이 익숙한 일상이 품은 빛을 이전과는 다른 시선으로 바라보길, 늘 같은 마음으로 읽고 써 내려가던 단어들 속에서 새로운 의미를 길어 올리게 되길 바랐다. 그 바람은 책장을 넘어 현실의 공간으로 이어졌다. 이듬해, '어라운드 캠핑 페스티벌'이라는 이름으로 매거진에 등장했던 뮤지션과 작업자, 브랜드, 캠퍼들을 한자리에 초대한 것. 양평의 드넓은 공원에 세워진 여러 텐트 사이로 음악이 흐르고, 사람들은 책 속 이야기들을 직접 만나고 경험했다. 독자와 어라운드, 취향과 시선이 자연스럽게 맞닿는 풍경이었다. 이후 어라운드 캠핑 페스티벌은 장소를 옮기며 세 차례 더 이어졌다.

어라운드는 작고 평범한 일상의 의미를 발견하는 우리만의 축제를 지속하기를 원했고, 그 터를 찾아 나섰다. 그렇게 우리가 제안하는 라이프스타일을 경험할 수 있는 공간, '어라운드 빌리지'가 조금씩 모습을 갖춰갔다.

A. 충북 벌은군 단부면 사직길 34
H. Instagram.com/aroundvillage

* 숙박 에어비앤비 네이버지도에서 가능합니다.

축제의 터가 된
오래된 분교

2015년, 어라운드 빌리지가 자리를 잡은 곳은 충남 보은이다. 많은 사람들이 텐트 아래 둘러앉아 자연과 어울릴 공간을 찾다 보니, 시선은 자연스레 수도권 너머로 향했다. 전국 어디에서든 크게 멀지 않은 거리 덕에 여러 도시에서 보은으로 모여든다.

이곳에 도착하면 가장 먼저 학교를 닮은 단층 건물과 널찍한 잔디밭이 눈에 들어온다. 과거 분교로 쓰이던 건물은 체크인이 이루어지는 본관이 되었고, 아이들이 뛰놀던 운동장이 캠핑장이 된 것이다. 어라운드 빌리지를 찾은 이들은 공간을 캠핑장에 맞게 인위적으로 바꾼 흔적보다, 오래전부터 이어져 온 장소의 결을 먼저 느끼게 된다. 부러 없애지 않은 목재식 복도와 창문에 붙은 88올림픽 마스코트 '호돌이' 스티커 그리고 화목 난로는 시절을 고스란히 품고 있다.

이 공간은 당초 캠핑 페스티벌의 장으로 기획되었기에, 그 연장선에서 축제는 '어라운드 빌리지 페스티벌'이라는 이름으로 보은에서도 꾸준히 이어졌다. 학창 시절을 떠올리게 하는 게임과 아이들을 위한 체험 프로그램, 모닥불 곁에서 즐기는 공연이 축제를 구성했다. 이어 팬데믹으로 캠핑 붐이 일었고, 어라운드 빌리지는 축제보다 자연 속 휴식에 충실한 장소로 조금씩 변화했다.

그러나 여전히 방문객들은 캠핑 페스티벌에서 경험할 수 있었던 여유와 즐거움을 누린다. 독자들이 매거진 《AROUND》의 활자 사이를 거닐듯, 이곳을 찾은 이들은 텐트와 거대한 플라타너스 그리고 어라운드의 시선 사이에 느리게 머문다.

잔디밭에서 경험하는
주변의 시선

어라운드 빌리지에서 보내는 시간은 분명 흔한 캠핑장과는 다르다.
공간 구성만 놓고 보면 글램핑존과 캠핑존으로 나뉜다는 점에서
여느 캠핑장과 크게 다르지 않아 보인다. 하지만 캠핑존의 풍경은
조금 다르다. 일반적인 캠핑장이 차와 텐트를 나란히 설치해 각자의
시간을 보장하는 방식이라면, 어라운드 빌리지는 주차 공간을 따로
두고 잔디 광장을 중심으로 텐트들이 둥글게 자리한다. 어라운드 캠핑
페스티벌에서 텐트가 무대를 둘러싸던 풍경에서 출발한 배치다.
그 덕분에 이곳에서는 자연스럽게 시선이 오가고, 아이들은 건너편
텐트로 다가가 새로운 친구를 사귀고 돌아온다. 나를 중심에 두고,
언제든 주변의 세계로 한 걸음 내딛는 어라운드의 시선과 닮은
구조다. 둥글게 놓인 텐트들이 마을을 이룬 듯한 이곳에서 별과
하늘을 올려다보고, 오래된 나무를 찬찬히 바라보는 일은 어라운드
빌리지에서만 가능한 경험이다. 그 느릿한 시선을 가지고 도시로
돌아올 때, 익숙하던 일상은 조금 다르게 느껴진다.
앞으로 어라운드 빌리지는 기존의 캠핑 기능을 유지하면서도,
어라운드의 새로운 프로젝트를 위한 공간으로 활용될 예정이다.
매거진이 제안해 온 라이프스타일을 직접 경험하는 장소라는 점은
변함없다. 다가오는 봄, 이곳에 어떤 이야기가 더해질지 찬찬히
귀 기울여주길.

의식주 중에서
가장 중요하게 생각하는 것은?

내가 사는 집, 내가 먹는 음식, 내가 입는 옷으로 나를 이야기하는 법.

글·사진 정다운

질문   의

가끔 별거 아닌데도 오래 기억에 남는 질문이 있다.
누군가 물었다. '의식주' 중에 가장 중요하게 생각하는
게 무엇이냐고. 순서대로 한번 말해 보라고. 늘 한데 붙여
말하던 단어 의식주를 의, 식, 주, 한 음절씩 흩어놓고,
다시 단어를 조합했다. 식주의, 주의식… 그 자리에
있던 사람들과 왜 나는 의가 먼저인지, 주가 먼저인지,
식이 나중인지에 대한 이야기를 한참 나누던 기억이
난다. 그러는 동안 저 사람이 어떤 사람인지 조금 더
알게 되었다. 어쩌면 MBTI보다 더. 혈액형보다 더.
별자리보다 더. 아무튼… 그랬다.
그때 나는 식의주라고 대답했다. 맛있는 거 먹는 게 가장
좋았고, 어울리는 옷을 찾아 입는 게 즐거웠다. 집은…
그때는 두 평 남짓 방 한 칸이 내게 주어진 공간의
전부였으니까. 아직 집이라고 하기엔 부족했다. 몇 년쯤
지나자 식주의로 순서가 바뀌었다. 막 원룸을 구해
자취를 시작하던 때였다. 지금은 또 달라졌나. 이 글을
읽는 사람들은 어떤 대답을 할지 궁금해진다. 그 후로
종종 만나는 사람들에게 "의식주 중에 가장 중요하게
생각하는 순서대로 말해달라."고 묻곤 한다. 그건 당신과
이야기를 하고 싶단 뜻이다. 당신에 대해 더 알고 싶단
이야기다. 아, 오래전 나한테 질문한 사람에게 미안하다.
누구였는지 도무지 기억이 나지 않아… 미안합니다.

주로 집에서 일을 한다. 정기적인 외출 스케줄은
일주일에 딱 한 번 있는데, 유기견 보호소에 가는 일이다.
다녀오면 개똥과 진흙 등 오물로 옷이 범벅이 되기
일쑤라 즉시 세탁을 해야 한다. 그래서 언제나 빨래하기
직전의, 가장 더러운 옷을 주워 입고 간다. 가끔은
빨래통에서 다시 꺼내 입기도 한다. 옷장 속 예쁜 옷들은
그림의 떡이다. 일주일에 한 번 외출할 때마다 여러 번
세탁해도 끄떡없는 튼튼하고 후줄근한 옷들을 입기
시작하면서부터 자연스럽게 의식주 중에서 의가 가장
마지막 순서로 고정되었다.
하지만 옷장에는 옷이 꽤 많다. 일 년에 한 번도 입지
않는 옷이 대부분이지만, 버리지 못한다. 옷을 보면
그 옷을 입고 간 곳이 곧장 떠오르기 때문이다. 과테말라
안티과의 옷 수선집에서 손짓발짓과 짧은 스페인어로
더듬더듬 설명하며 소매치기 방지용 비밀 주머니를
만들어 달았던 다 늘어난 갈색 바지를 버리지 못하고,
튀르키예로 신혼여행을 가서 산 커플 알라딘 바지도
도저히 버릴 수가 없다. 생전 처음 산 허벅지가 다
드러나는 데님 숏팬츠도 지금은 작아서 입지 못하지만,
처음 숏팬츠를 살 때 냈던 작은 용기와 숏팬츠를 입고
거침없이 활보하던 바르셀로나의 거리가 떠오르니 버릴
수 없다. 굿즈를 거의 사지 않는 대신 이 정도는 가지고
있어도 괜찮겠지. 말하자면 나에게 옷은 그 시절의
추억이 담긴 기념품이다.
예전에는 단점을 가려주고 장점을 살려주는 옷을 좋은
옷이라고 생각했다. 여기서 단점과 장점은 오로지 몸
아니, 몸매와 관련된 것이다. 몸매라니, 정말 오랜만에
사용해 보는 말이다. 그래서 그때 입던 옷을 보면 이제는
잊은 지 한참인 나의 외모 콤플렉스가 떠오르기도 한다.
언제부턴가는 남의 시선이나 몸매와 상관없이 그냥 내가
입고 싶은 옷을 입는 게 좋았다. 오히려 단점을 부각하는
옷을 입기도 했다. 드러내는 순간 그건 더 이상 단점이
아니기도 하다는 걸 깨닫기도 했다. 그래서 그 시절의
옷은 내 안의 용기를 떠올리게 한다. 지금은 옷을 입을
때 몸매를 고려하지 않는다. 아, 몸은 고려한다. 몸이
편한 옷이 제일이다. 용기를 낼 필요도 없다. 지금
입는 후줄근하고 편안한 옷들은 나중에, 나의 어떤 걸
떠올리게 할까? 아직은 알 수 없다.

식

음식은 평생 한 번도 세 번째 순서에 간 적이 없다.
맛있는 거 먹는 일이 인생의 주요 기쁨인 사람은 행복
지수가 높을지도 모르겠다고 종종 생각한다. 실은,
내가 그렇다. 내 기분을 신속하게 회복시키는 데 음식만
한 게 없다. 스무 살 즈음엔, 아웃백 스테이크 하우스
하나면 모든 화가 풀렸다. 당시 애인은 내 기분이 안 좋아
보이거나 다투고 나면 아웃백 스테이크 하우스에 가서
1만 3000원짜리 런치 세트를 먹였다. 그러면 어김없이
기분이 좋아졌다. 지금도 그렇다. 매끼 최선을 다한다.
내 기분은 소중하니까. 요리 잘하는 사람을 만나서 매일
최소 한 번은 행복해하며 살고 있다. 매주 가장 더러운
옷을 입고 유기견 보호소에 가는 날도, 봉사가 끝나고
나면 꼭 맛있는 식당에 간다. 일주일에 한 번 외식은
진정 소중하니까. 개똥을 주우면서도 '오늘은 뭐 먹지?'
생각한다. 하하.
동네 유명 빵집 앞은 명란소금빵을 기다리는 사람들로
늘 북적인다. 종종 빵이 뭐라고 저렇게 줄까지 서냐며
입을 삐쭉거리는 사람들도 있지만, 단 몇천 원으로 당장
기분을 좋아지게 하는 게 빵 말고 또 있을까. 빵은 정말
대단하다. 음식은 진짜 최고다. 오늘 저녁은 뭐 먹지?

주

서른 살 즈음에 처음 독립을 했다. 복층 구조의 원룸
오피스텔이었다. 난생처음 청소부터 빨래까지 모두
스스로 해야 했다. 회사를 다니며 집안일을 하는 것이
종종 벅차기도 했지만 그럼에도 불구하고 내 집이 있는
게 좋았다. 내가 좋아하는 것들로 채운 공간이 이렇게
좋은 거구나 그때 처음 알았다. 내 물건이 내가 원하는
곳에 딱 있다! 너무 좋아. 이후로 지금까지 총 일곱 번
이사를 했다.
그 과정에서 알게 된 내 특기는 집을 구하는 거다! 종종
이력서에 쓰고 싶단 생각마저 하는데, 이 글에서라도
자랑할 수 있게 되어 다행이다. 그러니까, "평생 일해도
내 집 마련 못 해."라고 말할 때 그 집 말고, 지금 내가
살기 딱 좋은 집. 지금 나에게 필요한 집. 주방에 난 작은
창문으로 바다가 보이는 집에서 매일 아침 먼바다를
바라보며 살다가, 바다까지 걸어갈 수 있는 집으로
이사를 갔고, 그다음에는 숲속에 있는 허름한 주택에
살았다. 주택살이는 이때 처음 해봤다. 아파트에 비해
정말 손이 많이 갔지만, 의외로 감당하기 어렵진 않았다.
집을 보살피며 사는 일이 꽤 재미있기도 했다. 그다음은
숲에서 나와 마당이 아름다운 목조 주택으로 이사를
갔다. 지금은 수목원 옆, 계단이 많은 집에 산다.
이사를 자주 한 이유는, 계약 기간 때문이기도 하고,
또 그때그때 내 상황이 달라졌기 때문이기도 하다.
여러 번 이사를 다니며 집을 보는 눈이 정교해졌다.
집을 잘 구하려면 첫째, 내가 어떤 사람인지 잘 알아야
한다. 내가 어떤 걸 좋아하고, 어떤 게 필요한 사람인지,
무엇이 없어도 되는지, 어디까지 괜찮고 어떤 것을
감당할 수 있는 사람인지 집을 옮겨 다닐 때마다 조금씩
더 잘 알게 되었다.
지금 우리 집은 곧 지금의 나이고 우리 가족이다.
고양이가 오르내릴 계단이 많고, 숨을 곳이 많다. 햇볕이
따뜻한 공기 좋은 날이면 테라스에서 산책도 안전하게
할 수 있다. 계절마다 오가는 새도 많아 하루가 지루할
틈이 없다. 짝은 방해를 받지 않고 게임에만 집중할 수
있는 방을 하나 갖게 되었으며, 걸어서 일터에 갈 수
있다. 나는 무엇보다, 틈만 나면 수목원 산책을 갈 수
있어 좋다. 계절마다 달라지는 나무를 관찰하며 매일
같은 길을 걷는 일은 나를 살아 있게 한다.

주식의

의식주를 주식의라고 다시 쓴다. 지금은 집이 가장 중요하다. 다름 아닌 내가 집에서 가장 오래 시간을 보내기 때문이기도 하고, 무엇보다 우리 집은 내 고양이 제제의 유일한 삶의 배경이니까. 실내복에 좀 더 돈을 들이고, 집에서 먹을 음식에도 정성을 다한다. 집을 중심으로 음식도 옷도 돌아가고 있다.

집에 들어가기 싫었지만 달리 갈 데도 없던 시절을 구불구불 지나 이제는 집이 가장 좋다. 부드러운 옷을 입고 고양이와 아무 데나 누워 있는 시간이 좋고, 좋아하는 친구들을 초대해 맛있는 음식을 먹이는 것도 좋다. 글을 쓰며 좋다는 말을 이렇게 많이 쓴 것도 처음인 것 같다. 먹는 게 좋고, 옷도 좋고, 집도 좋다니, 인간 생활의 기본 요소 셋을 좋아한다니, 나는 사는 걸 좋아하는 건가, 한다. 여기까지 오면서 많은 일이 있었다. 그 일들을 굳이 다시 떠올리지 않더라도, 다행이다. 내가 아는 모든 이들이, 내가 모르는 모든 선량한 사람들이 그리고 이 글을 읽는 사람들이 역시 그랬으면 좋겠다. 조심히 귀가하세요. 홈홈스윗홈.

연남동 트루먼 쇼

나의 독립 후 첫 집은 연남동이었다. 2016년부터 4년을 살다가 도망쳤다.
마당에 핏빛 자국이 번진 어느 아침, 나는 이 집과의 이별을 직감했다.

글·사진 김건태

2014년에 《AROUND》 매거진 에디터가 됐다. 당시 어라운드 사무실은 서울 상암동에
있었다. 나는 경기도 수원에서 매일 새벽 기차를 타고 '디지털+미디어+시티'라는
미래적인 동네로 출근했다. 무궁화호 출입문 계단에 쪼그려 앉아 통근하기를 2년여,
독립을 결심했다. 계속 차가운 철제 계단에 엉덩이를 문지르며 출근하다가는 치질에
걸릴 게 분명했기 때문이었다. 내 하소연에 치질 선배인 아버지가 말했다.
"7천만 원을 주마. 미리 주는 유산이다. 동생에겐 말하지 말거라." 그렇게 아버지와
나 사이엔 동생은 모르는 비밀이 생겼다.
7천만 원으로 셋방을 구해야 했다. 누군가 "어디 살아요?" 하고 물었을 때 부끄럽지
않은 동네였으면 좋겠다고 생각했다. 강남은 비싸고 성수는 멀었다. 남은 건
홍대뿐이었다. '홍대는 아무래도 힙하니까.' 하지만 7천만 원으로 구할 수 있는 멀쩡한
집은 보이지 않았다. 날을 잡아 부동산 투어를 돌았는데, 하나같이 개성이 뛰어난

매물뿐이었다. 홍대 상권 한가운데 위치한 6층 건물 꼭대기 집은 거실 한가운데
욕조가 놓여 있었다. 부동산 중개인은 아직 임차인이 살고 있다며, 그의 취향이
독특한 것 같다고 에둘러 말했다. 나는 거실에서 거품 목욕하는 장면을 떠올리며 파리
물랭루주(가본 적 없음)를 생각했다. '이건 낭만이다!' 그런데 싱크대의 물을 트는 순간
시뻘건 녹물이 터져 나왔다. 순간 핏빛 목욕물에 몸을 담근 채 생고기를 먹는 익명의
집주인이 떠올랐고, 어쩐지 그가 과격한 음악을 하는 밴드의 보컬일 거라는 데 생각이
닿았다.

두 번째 집은 조금 더 난해했다. 공원 앞 빈집을 둘러보던 중 스르륵, 창문이 혼자
움직였다. 눈앞에서 벌어진 초자연적인 현상에 나는 "이 집에 귀신이 사나 봐요." 하고
말했고, 중개인은 이미 신발을 신고 현관 밖으로 도망간 뒤였다. 사연인즉, 집주인이
원래 하나였던 집을 두 개로 나누고 싶었다고. 그는 양쪽 모두에게 공원 풍경을
선물하고 싶은 마음에 창문 가운데에 가벽을 세웠다. 내가 문을 열면 옆집 창이 닫히고,
옆집에서 문을 열면 내 창문이 닫히는 구조였다. 하지만 나는 아직 그런 공동체를 맺을
준비가 되지 않았다.

그 외에도 곰팡이가 성인의 얼굴 모양으로 피어오른 반지하 성자의 집, 변기가 눈높이에
설치되어 있는 아방가르드 예술가의 집, 숲과 면해 있어 창틀에 날벌레 사체가 쌓여
있던 자연주의자의 집 등 그 면면이 화려했다. 그렇게 침울한 나날을 보내던 중 부동산
중개인에게서 연락이 왔다. "이번엔 멀쩡해요. 녹물도 귀신도 없어요." 하아… 그래,
그거면 충분하지.

연남동의 12평짜리 주택이었다. 커다란 철제 대문이 있고, 앞마당에 감나무가 자라며,
옆집과 윗집에 각각 노인들이 사는 곳. 지금이야 골목마다 미슐랭 식당이 들어선
힙스터의 동네가 됐지만, 2016년의 연남동은 빙그레우유 대리점이 있고 노인들이
골목 바닥에 완두콩을 널어 말리는 곳이었다. "이 돈으로 이런 집 구하기 힘들어요."
중개인은 선심을 쓰듯 으스댔다. 전세 보증금 1억 1천만 원, 아버지의 유산 7천만 원을
제외한 나머지는 국민은행에서 빌렸다. 12평짜리 집에는 무려 방이 두 개나 있었다.
하나는 옷방으로 쓰고 나머지 한 곳에는 큰 침대를 두었다. 소파와 탁자를 배치하고
빔프로젝터를 설치했다. 노란 조명과 LP 플레이어도 마련했다. 그야말로 방탕하기
딱 좋은 환경이었다. 매일이 파티였다. 친구와 썸녀, 시인과 부자, 출신과 인종에
관계없이 모두 집으로 초대해 술을 마셨다. 귀가 어두운 이웃집 노인들은 아무도 내게
불평하지 않았다. 아니, 정확히는 그렇게 믿고 싶었다.

하지만 모든 호시절엔 끝이 있기 마련이다. 나를 둘러싼, 정확히는 내 집을 둘러싼
공기가 달라진 듯한 이상 징후가 보이기 시작했다. 어느 날 집을 나서는데, 집 마당에서
붉고 끈적한 핏자국을 발견했다. '살인인가?' 아쉽게도 그건 감나무의 감이 떨어져 터진
흔적이었다. 살면서 감을 보며 위화감을 느끼리라고는 상상하지 못했기에 그로테스크한
그 장면이 오래 남았다. 또 어느 늦은 밤에는 술을 마시고 집에 들어오는 길에 마당
한편에서 귀신을 마주쳤다. 순간 엉덩방아를 찧으며 나자빠졌다. 다시 살펴보니 옆집
할머니가 널어놓은 시래기였다. '왜 할머니는 시래기를 쉐보레 자전거에 널어놓는가?
왜 할머니는 시래기를 먹는가? 왜 할머니는 옆집에 사는가?' 생각이 꼬리에 꼬리를
물었다. 또 다른 날엔 집 앞 대문에 무단으로 버린 쓰레기가 쌓여 있기도 하고,
어느 날은 변기가 통째로 놓여 있는 날도 있었다. 거미, 꼽등이, 바퀴벌레처럼 작고
귀여운 생물들이 한꺼번에 등장해 운동회를 벌이기도 했다. (지금이야 웃지만, 당시의 나는
배꼽까지 뛰어오르는 꼽등이 파티를 보며 대성통곡했다.)

얼마 전까지만 해도 화양연화 같은 나날을 보냈는데 왜 모든 불행은 한꺼번에
찾아오는가? 나도 모르는 사이에 〈트루먼 쇼〉 같은 관찰 카메라에 방송되고 있는 건가
싶어 주변을 둘러보는 날이 잦았다. 그렇게 신경쇠약에 걸려 하루하루를 연명하던
어느 날, 이 재미없는 쇼의 감독이 내게 카운터펀치를 날렸다. 경찰이었다. 술을 잔뜩
먹고 잠들었다가 초인종 소리에 나가보니 경찰관 두 명이 문 앞에 서 있었다. 소음이
커서 민원이 들어왔다고 했다. 마침 옷방에서 압력밥솥이 터지는 듯한 취사 음이
들려왔고, 나는 변명하듯 말했다. "친구가 코를 심하게 고네요. 뺨을 때려서 이 난리를
멈추겠습니다." 경찰관은 코골이 때문에 신고가 들어온 건 처음이라며 난처한 듯
사건을 마무리했다.

그렇게 며칠이 지난 후, 또 경찰이 찾아왔다. 이번엔 윗집 할아버지가 잠든 사이에
도둑이 들었다는 거였다. 어둠 속의 범인은 할아버지가 깨어나 소리를 지르자 급하게
도망을 쳤다고 했다. "21세기에 도둑이라니, 별일이 다 있군요." 하고 나도 모르게
실소를 터뜨렸는데, 그게 경찰관의 레이더망에 걸렸다. 경찰관은 심각한 얼굴로 내
알리바이를 캐물었다. 썸녀랑 깨져서 혼술을 했다고는 말할 수 없어 대충 둘러댔다.
경찰관은 미심쩍은 표정으로 돌아갔고, 그 뒤로 우리 집 마당엔 CCTV가 설치됐다.
그리고 마침내 세 번째 경찰을 만났을 때 나는 이 모든 일들이 기획된 관찰 쇼라는
확신을 갖게 됐다. 어느 주말, 이제는 반갑기까지 한 경찰관이 CCTV의 한 장면을
프린트한 사진을 내밀며 말했다. "마당에 똥을 싸고 도망간 사람을 찾고 있습니다."
사연은 이랬다. 주말 아침, 상쾌한 마음으로 창문을 연 옆집 할머니가 앞마당의 똥을
발견했고, 이번에도 도둑인가 싶어 경찰에 신고했다는
거였다. 한밤중 CCTV에는 누군가 담을 넘어 마당으로
들어왔고, 바지를 내려 똥을 쌌으며, 마당 벤치에 누워
잠들었다가, CCTV 사각지대로 사라지는 장면이
녹화돼 있었다. 그리고 하필 그 사각지대는 우리 집
출입문 방향이었다. 나는 미친 듯이 고개를 저었다.
"아무렴 제가 술을 많이 마셨기로서니 마당에 똥을
쌌을까요? 저, 삼십 대예요. 어른입니다." 경찰은 사진
속 인물이 하얀 티를 입고 있었다며 내 집을 수색하길
원했다. 하지만 나는 강경했다. 절대 아니라며, 언성을
높였다. '연남동 삼십 대 김 모 씨, 변 싼 채로 발견'
같은 찌라시 뉴스의 주인공이 되고 싶지 않았다.

경찰관이 돌아간 뒤 나는 텅 빈 마당에 덩그러니 쌓인 똥무더기를 바라봤다. 그때
문틈으로 상황을 지켜보던 옆집 할머니가 쿵 소리를 내며 문을 걸어 잠갔고, 나는 문득
슬퍼졌다. '하다 하다 이제는 똥으로 억까 하는구나.'
'미스터리 대변 사건' 이후 나는 연남동과 이별을 준비했다. 발로 쓴 시나리오 같은
이 지긋지긋한 쇼에 더 이상 출연하고 싶지 않았다. 술병을 치우고, 그동안 신세 진
노인들에게 작별의 인사를 건넸다. 이삿짐을 빼던 날, 옆집 할머니는 골목 끝까지 함께
걸음하며 내 등을 연신 쓰다듬었다. "우리 손주 같아서 참 좋아했는데 헤어진다니까
또 아쉬워." 나는 뭉클해진 마음에 할머니 손을 꼭 잡았다. "저희 할머니 같아서 많이
아쉬워요. 아프지 말고 따뜻하게, 건강 잘 챙기셔요." 그러자 할머니가 나지막이
말했다. "그런데 진짜 똥 싼 거 아니지?"

지금 생각하면 내 첫 독립은 트루먼 쇼가 아니라 그저 서툰 청춘의 시행착오였다. 마당의
핏자국은 살인 사건이 아니었고, 귀신은 그저 시래기였으며, 도둑과 똥은 나와 무관한
해프닝이었다. 그런데 왜 나는 그 모든 것들이 나를 겨냥한 음모라고 생각했을까. 아마도
그때의 나는 진짜 집을 가진 게 아니라, 집 놀이를 하고 있었던 것 같다. 빔프로젝터와
LP 플레이어로 꾸민 무대 위에서 어른 흉내를 내며, 정작 옆집 할머니의 시래기나
할아버지의 완두콩 같은 '진짜 삶'의 결은 생각하지 못했다. 연남동을 떠난 지 몇 년이
흘렀다. 가끔 그 골목을 지나친다. 감나무는 여전히 그 자리에 서 있고, 대문은 녹이
슬었으며, 할머니와 할아버지의 안부는 알 수 없다. 그저 저녁이면 따뜻한 조명이 켜진
누군가의 집을 바라보며 선잠 같았던 한 시절을 잠시 회상할 뿐이다.

오직 나를 위한 요새

글 배순탁—음악평론가·〈배철수의 음악캠프〉작가

01. 'Somewhere
Over The Rainbow'
— Judy Garland

02.
'No Promises to Keep
(FINAL FANTASY VII REBIRTH
THEME SONG)'
— Loren Allred

03. 'We're
All Alone'
— Boz Scaggs

나에게는 꿈이 있었다.

마틴 루서 킹 목사처럼 거대한 이상과 변화를 요구하는 꿈은 당연히 아니다. 남은 생 전체를 아우르는 거창한 꿈도 아니다. 그저 그 누구의 방해도 받지 않고 오직 나를 위한 무언가를 할 수 있는 나만의 공간을 가지는 것이 꿈이었다. 어느 정도는 이뤘다. 비록 작은 집이지만 월세도, 전세도 아닌 내 집을 마련했다. 절대적인 규칙이 하나 있다. 아주 특별한 경우가 아닌 한, 내가 사는 집에 타인을 초대하지 않는다는 것이다. 물론 나는 친구가 많지 않다. 하지만 없지도 않다. 속으로 횟수를 세어봤다. 친구나 지인이 지금의 집에 발을 들여놓은 게 3회가 넘지 않는 것만큼은 확실하다. 반대도 마찬가지다. 나는 홈 파티 같은 걸 조금도 선호하지 않는다. 밖이 아닌 누군가의 집에 오래 있는 게 이유는 모르겠지만 좀 불편하다. 화장실 쓰기도 미안해진다. 그렇다. 이것이 바로 극내향인의 고충이다. 극내향인은 왠지 모르게 늘 피곤하다.

내 집과 내 방은 나를 꼭 닮았다. 행여 있을 수도 있는 타인을 위한 배려 따위는 조금도 없다. 오직 나를 위해 건설한 나만의 성채다. 심지어 지극히 실용적인 관점만을 고려했기 때문에 불필요한 장식 또한 거의 없다. 일단 책이 좀 많고, 만화책은 더 많다. 여기에 CD와 LP, 각종 게임기와 게임 디스크 등등. 어제도 나는 아마존에서 CD를 주문하고, 인터넷 게임 숍에서 게임 하나를 배송 받았다. 마침 새해 연휴다. 내 게임 패드가 불타오를 시간이다.

오해하지 말기를 바란다. 타인과 더불어 사는 삶과 타인에게 붙어 있어야 겨우 온전한 것 같은 삶을 착각해서는 안 된다. 20대 시절의 나는 후자였다. 그래서 시간을 너무 헛되게 보냈다는 후회의 찌꺼기가 아직도 마음 한편에 남아 있다. 몇 년 전, 갑자기 이런 생각이 들었다. 건방지게 들릴지도 모르겠지만 "인간관계를 통해 내가 접할 수 있는 감정의 총량이 있다면 이미 다 경험한 것 같다."는 생각이었다. 물론 장담할 수는 없다. 그럼에도, 더 이상 새로운 관계를 형성할 필요를 거의 못 느낀다. 나 혼자만 살겠다는 뜻이 아니다. 주변을 둘러본 결과 이 정도 관계라면 나에게 충분하고도 남는다는 의미다. 그들의 존재가 그래서 내게는 더욱 소중하다는 것이다.

명탐정 브라운 신부는 이렇게 말했다. "복잡하기 그지없는 사건일지라도 자연스럽지 못한 눈속임을 걷어내면 세상에 없을 만큼 간단명료한 것이 된다." 우리 인생도 똑같다. 나는 단순해지고 싶다. 단순한 만큼 단단해지고 싶다. 쉽게 흔들리는 삶은 20대 이후로 작별했다고 믿고 싶다. 도파민에 절여진 삶은 더 이상 없다. 2025년 일을 제외하고 사적으로 잡은 외부 약속이 몇 번이었는지를 헤아려봤다. 정확히 열 번이었다. 이 정도가 딱 좋다.

얼마 전 출연했던 유튜브에서 진행자가 이렇게 물었다. "요즘 가장 재미있는 게 뭔가요?" 내 대답은 이랬다. "매일 내 방에서 내가 해야 할 일과 하고 싶은 일을 똑같이 반복하는 것." 진심이다. 더 이상 진심일 수 없을 만큼 진심이다. 《오즈의 마법사》에서 집으로 돌아가길 원하는 도로시는 이미 신고 있는 구두가 집으로 돌아가는 열쇠임을 비로소 깨닫는다. 그렇다. 이미 나는 내가 그토록 갖기를 원했던 것을 갖고 있다. 내 집이다. 내 공간이다. 내 삶이다. 여기가 바로 나만의 멋진 신세계다.

'Somewhere Over The Rainbow'

Judy Garland

영화 〈오즈의 마법사〉(1939) 수록곡이다. 이후 수많은 뮤지션이
이 곡을 커버하면서 팝 역사에 길이 남을 걸작이 되었다. 다시
한번 이 작품의 내용을 복기한다. 뇌를 갖고 싶은 허수아비는
지혜로 일행을 구하고, 심장이 없는 양철 나무꾼은 눈물을
쏟는다. 용기를 갈구하던 사자는 무서운 적을 물리치고,
도로시는 위에 언급한 것처럼 이미 구두를 신고 있다. 그래.
맞다. 우리는 언제나 '무지개 너머 어딘가'를 꿈꾸지만 그것은
이미 내 안에 존재한다. 다만, 그것이 내 안에 있다는 걸 깨닫기
위해 어떤 경험의 과정을 거쳐야만 한다는 점이 중요하다.
세상에 공짜는 없다.

'No Promises to Keep
(FINAL FANTASY VII REBIRTH THEME SONG)'

Loren Allred

어제 이 노래를 들으면서 눈물을 흘렸다. 영화 〈위대한
쇼맨〉(2017)에서 'Never Enough'를 불렀던 로렌 앨레드가
발표한 곡이다. 한데 이 곡은 영화 음악이 아니다. 게임
음악이다. 그것도 게임 역사상 가장 위대한 프랜차이즈로
평가받는 '파이널 판타지 7-2'의 주제가다. 내 일 다 마치고,
책 좀 읽고, 드라마나 영화를 보거나 게임을 할 때가 세상에서
제일 기분 좋다. 손가락 힘이 다할 때까지 즐기고 싶은 취미다.

'We're All Alone'

Boz Scaggs

클래식 팝이다. 행여 가수와 곡을 모르더라도 플레이하면
여러분도 들어봤을 확률이 최소 90퍼센트는 넘는다고
장담한다. 이 곡의 제목을 잘못 해석한 경우가 너무 많다.
'우리는 모두 외롭다'는 뜻이 아니다. '세상에 오직 당신과 나
둘뿐'이라는 낭만적 의미를 지닌 관용어다. 여기에서의 당신을
'내 집'이라고 바꿔도 좋겠다.

[The Wizard of Oz] (1939)

[No Promises to Keep
(FINAL FANTASY VII REBIRTH
THEME SONG)] (2024)

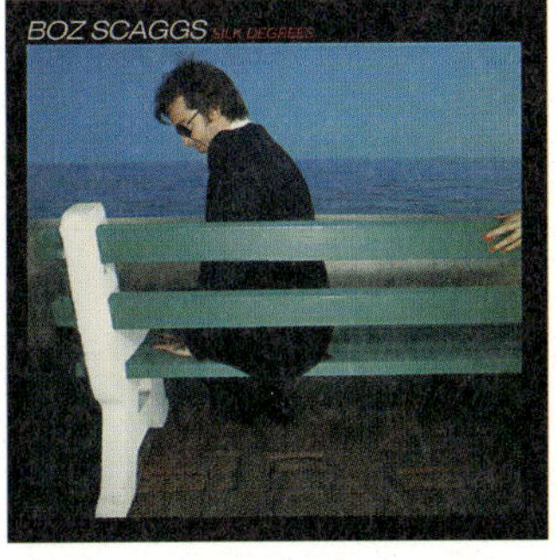

[Silk Degrees] (1976)

큰 창과 작은 불빛들
그리고 손잡이

내가 적은 적 없는 집이라는 일기.

글·사진 전진우

이불 터는 원룸

바람 부는 것을 좋아하는지? 나는 무척이나 좋아한다. 머리를 다 헝클어 놓는 바람부터
여기 있다, 라고 말할 수조차 없는 미세한 바람까지 모두 소중하다. 스치고 간질이고
흔들고 말리고 밀고. 바람은 마치 뭐라도 전할 말이 있어 보인다. 바깥에 바람이 있으니
실내가 가끔씩이라도 아늑한 게 아닐까? 종종 그런 생각이 들기도 한다. 2년 전 지금 사는
곳으로 이사할 당시 내 마음을 한껏 끌어당긴 것은 아주아주 커다란 창문이었다. 9평짜리
원룸에는 어울리지 않게 이 집에는 큰 창문이 두 개나 있었다. 작은 얼굴 속 커다란 눈동자인
것처럼 조금은 부담스러우면서 꼭 가져보고 싶은 그런 모습이었다. 계절에 상관없이 나는
창을 수시로 활짝 열어 놓길 좋아했다. 그때마다 큰 주걱으로 떠넣은 것처럼 집 안에는
금세 바람이 가득 찼다. 현관문까지 열어 놓는 날이면 뭐라도 하고 싶은 기분이 들 정도로
순식간에 집 안 분위기가 바뀌곤 했다.
창문으로 경험하는 것 중 가장 좋아하는 행동 두 가지를 꼽아보자면, 하나는 방금 말한
것처럼 문 활짝 열어 놓고 이불 털기. 창가에 매달려 이불을 흔들면 함께 사는 개와 내가 묻혀
놓은 것들이 뿌옇게 공중으로 흩어진다. 묵히지 않고 제때 털 수 있다니, 참 홀가분하다.
그리고 또 하나. 언제나 새어 들어오는 공기를 느끼는 것이다. 한겨울이 찾아와도 나는 문을
꽉 닫는 법이 없다. 창문을 꽉 닫은 채로 손잡이를 위로 끝까지 돌리면 이번에는 창문의
윗부분만 살짝 열린다. 이곳으로 들어오는 얇은 찬바람이 잠든 내 이마와 발바닥을 차게
한다. 차가워지는 걸 참 좋아하지만, 생각해 보니 나는 아침에 일어나 뻣뻣해진 손발 마디가
다시금 잘 움직여지는 감각을 더 좋아하는 것 같다.

곳곳의 조명

호텔에 가서 그렇게 하듯이 나는 집에서도 간접등을 여러 개 두고 지낸다. 불빛을 좋아하긴
해도 전체가 환해지게 불을 켜는 경우는 좀처럼 없다. 센서등도 없어서 불빛이 켜지려면
조명 쪽으로 늘 그림자가 먼저 움직이는 식이다. 집에 들어오자마자 켤 수 있는 조명 하나,
요리할 때 쓰는 것 하나, 그릇장 위에 하나 그리고 침대 위에 하나. 나름의 용도에 맞게 켜기
위해 열심히 돌아다닌다. 이걸 다 켜 놓으면 작은 집은 크리스마스트리처럼 밝고 애틋해진다.
완두를 두고 저녁 약속에 갈 때면 침대 위 조명만 '아주 어둡게' 켜 놓는다. 그렇게 하고 싶어
디머 스위치를 따로 주문 제작해서 달았다. 꺼지기 직전의 촛불처럼 은은한 불빛 속에서
완두는 쿨쿨 잘 잔다. 예전에는 내 발소리를 듣고서 현관문이 열리기도 전에 뛰어나오곤
했는데 언젠가부터 내가 들어와도 침대 위에 누워 꼬리만 흔든다. 올해로 열두 살이 된 개.
왜 마중도 안 나오나! 탓하면서 나는 활짝 웃고 있다. 매일매일, 어떨 땐 하루에 두 번 세 번,
우리는 반갑다. 반갑지 않으면 그만해야지. 나는 속으로 생각한다. 완두 덕분에 친구 관계도
연인과도 그리고 나와도 꽤나 사이가 좋아졌다. '그래 반갑지 않으면 말아….' 나는 안심하며
선반 위의 조명을 하나 더 밝히고 겉옷을 하나씩 벗어 정리한다.

매달리다

프라이팬이라든지 의자 혹은 물컵처럼 어련히 있을 법한 물건이 아닌데도 내가 사는
집이라면 반드시 있는 물건이 하나 있다. 돌아보니 이 물건은 고등학교 2학년 때부터 언제나
집에 있었다. 그것은 바로 문틀용 철봉이다. 적당히 위치를 잡아서 양쪽 문틀 사이에 끼워
고정하는 운동기구. 지금 집에 달려 있는 철봉은 지난 월셋집에서 산 것으로 이제 7년째
쓰고 있는 중이다. 체대 입학을 위해 실기 준비를 하며 연습하게 된 턱걸이를 어쩌다 보니
지금까지 하고 있다. 요즘에는 턱걸이뿐 아니라 그저 매달려 있기도 열심히 한다. 어디선가
건강에 좋다고 들었는데, 중력에 짓눌린 몸을 풀어준다고 했었나. 아무튼. 조명이나
창문보다도 어쩌면 이 집에서 나를 가장 잘 설명해 주는 물건이 이 철봉 아닐까.
특히 손잡이의 검정 스펀지 부분이 눈에 띈다. 이제는 움켜잡고 나면 손에 스펀지 조각들이
묻어 나온다. 교체해야 하는 게 맞지만, 그대로 두고 싶은 마음도 동시에 인다. 내 몸의
상처를 볼 때처럼 왜인지 모르게 '없앨 수는 없는 게 아닌가.' 하며 쓸어 보게 되는
것이다(물론 교체할 예정). 그러고 보니 여기저기 손잡이가 많이 보인다. 작은 운동기구들
손잡이는 철봉의 그것처럼 해져 있다. 수전이나 현관문 손잡이, 냄비 손잡이, 컵 손잡이도
보인다. 다시 철봉 손잡이를 봤더니, 여기에는 분명 무언가 다른 것이 있다는 걸 알 수
있다. '중력에 짓눌린 몸을…' 나는 손잡이를 통해 다음 단계로, 다른 곳으로 갔던 것일지
모르겠으나 이상하게도 매달리는 것 자체도 참 좋아했던 것 같다.

"거, 잠 좀 잡시다!" 난데없는 호통이 신호탄이었다. 곰곰 따져보니 그 이전에도 전조 증상이랄 만한 것이 있기는 했다. 기억을 더듬어보면, 월요일마다 방영하는 〈우리말 겨루기〉를 보고 있었을 때니까 오후 8시 안팎이었을 테다. 집 안에 별안간 낯선 전자음이 울렸다. 나보다 먼저 상황을 파악한 아빠가 인터폰 버튼을 누르니 낯선 목소리가 들려온다. "아, 19층이죠? 관리사무소인데요. 아래층에서 소란스럽다고 연락이 와서요." 난처하고 정중한 목소리. 어안이 벙벙했다. 그도 그럴 것이 그 시각 세 식구가 하고 있던 건 밥상 정리를 미루고 〈우리말 겨루기〉 정답을 맞히기 위해 머리를 모으던 일밖에 없었으니까. 머릿속이 시끄러우면 그러했지, 몸으로 하던 일은 숨쉬기나 일상 대화 정도였기에 난데없이 돌부리에 걸려 넘어진 기분이었다. 관리인께 설명할 자초지종도 없던지라 "뭔가 착오가 있는 것 같다."며, 고생이 많으시다는 이야기로 일단락 지었는데 아래층 생각은 달랐던 모양이다. 그날 이후 너무 자주 인터폰이 울렸다. 관리인을 통해 들어오던 민원은 세대 간 연결로 이어졌는데, 그때 처음 들은 아래층 아저씨 목소리가 바로 이것이었다. "거, 잠 좀 잡시다!" 뭘 하는데 그렇게 쿵쿵거리느냐는 말에 책을 읽거나 티브이를 보거나 그림을 그리고 있던 세 사람은 고개를 갸웃할 수밖에 없었다. 시끄러울 만한 일은 하지 않았다, 올라와서 확인해 보시라 해도 걸걸한 목소리로 호통만 치는 아래층 아저씨. 좁고 막다른 골목길에 갇혀 일방적으로 자동차 경적을 듣고 있는 기분이었다. 야간 자율학습을 마치고 집에 도착해 밤 공부 채비를 하던 때였으니 10시 남짓한 시각이었을 테다. 목이나 축일까 싶어 주스를 따르려다가 플라스틱 뚜껑을 떨어뜨렸다. 육중한 도마, 꽝꽝 언 얼음덩어리, 쌀 한 포대 같은 것이 아니라 내 엄지손가락만 한 플라스틱 재질의 일반 병뚜껑 말이다. 톡 떨어진 그것을 주워 페트병을 잠그려는데 초인종이 울렸다. 깜짝이야. 아래층 부부였다. 허리춤에 손을 올리곤 지금 뭐 하냐고, 시끄러워 못 살겠다는 아저씨. 오, 예민 보스. 주스 뚜껑을 떨어뜨렸다고 이야길 해도

도통 들을 생각을 않고 시끄럽다고, 살 수가 없다고 고함을 친다. 부부가 똑같은 데시벨로.
한낮 우리 집엔 40킬로그램이 채 안 되는 내향형 중년 여성이 홀로 집에 머문다. 집안일을
하고, 그림을 그리고, 라디오를 듣는 정도의 생활을 한다. 소음은커녕 소리랄 것도 그다지
없는 집에 어김없이 초인종이 울린다. 문을 두드린다. 시끄럽다고, 생활을 할 수가 없다고.
일어나서 걷기만 해도 인터폰이 울린다. 시끄럽다고, 잠 좀 자자고. 세 식구가 식탁에
둘러앉아 밥을 먹고 있을 때도 문을 두드린다. 시끄럽다고, 대체 뭘 하는 거냐고. 밥 먹던
현장, 날 것의 생활상을 보여줘도 '내 알게 뭐냐'며 시끄럽다고 막무가내다. 다른 집 소음이
흘러 들어가는 걸까 유추해 봐도 알 길이 없고, 방음이 잘된 아파트라 건물을 탓할 수도
없다. 그저 지나치게 예민한 사람들이 우리 아랫집에 사는구나 하고 체념할 수밖에.
어린 시절, 이웃에게 받은 사랑이 대단히도 커서 이웃과 얼굴 붉히는 상황이 몹시
속상했다. 관계를 개선해 본다고 부모님은 주스 세트를 들고 아랫집을 찾아간 적도 있는
모양인데 여전히 그들은 툭하면 우리 집 문을 두드린다. 이런 마찰과 살아온 탓에 우리
가족은 20년째 집에서 뒤꿈치를 떼고 걷는다. 얌전한 고양이들처럼. 이젠 생활이 되어
불편할 것도 없지만 외부인이 우리 집에 놀러 오면 왜 발을 그렇게 하고 걷느냐 묻는다.
외부인이 일반적인 걸음(뒤꿈치부터 발가락까지 차례로 바닥을 딛는)으로 집을 걸어 다니면
어김없이 인터폰이 울린다. 쿵쿵거리지 말라고, 시끄럽다고, 잠 좀 자자고. 우리 식구들은
이제 아주 조금이라도 소리가 나면 숨죽여 웃는다. 누군가 "거 잠 좀 잡시다!" 하고 아랫집
예민 보스의 목소리를 따라 하는 까닭이다. 아래층 사람들에게 우리 집은 20년 동안 잠도,
생활도 할 수 없게 만드는 소음의 근원이자 악의 발생지일 테다. 기회만 된다면 그들에게
하루 정도 우리 집을 관찰할 기회를 주고 싶다. 놀라울 정도로 평범하고 지나치게 조용한
생활을 직접 본다면 그네들도 의아할 것이 분명하므로.

미라는 내 비밀 이웃

내 기억 속에는 세 개의 집이 있다. 소음 논란이 있던 집이 두 번째 집이라면, 첫 번째 집은
이웃 간의 교류와 사랑이 남다르던 동네의 아파트 1층 집이었다. 왜인지는 모르겠으나
나는 어린 시절 살던 첫 번째 집 마룻바닥에 곧잘 귀를 갖다 대곤 했다. 어떤 소리가 '웅, 웅'
하고 들려오는 것이 매일 들어도 신기했기 때문이다. 1층 집이었으니 그 아래 지하실에서
들려오던 건 각종 설비나 장비가 돌아가는 소리였겠으나 그때 내게 지하실은 아파트 다른
동 입구로 나올 수 있는 비밀 통로 같은 곳이었으므로 조금 다른 것을 상상하게 되었다.
어린 시절엔 친구들과 자주 지하실을 탐험했다. 벽을 더듬으면 스위치가 만져져 불을 켤
수 있었지만, 조금 높은 위치에 있어 어린이가 쉽게 조작하긴 어려웠다. 그런 이유로 늘
캄캄하던 지하가 주는 공포란 혼자 이겨낼 수 있는 것이 아니었고, 나는 위험한 탐험을
감행하는 용감한 어린이도 아니었기에 친구들이 권하면 '지하실 놀이'에 마지못해
참여하는 정도의 소극적 탐험가로서 어린 시절을 보냈다. 아파트 지하실은 옆 동과
연결되었다. 구불구불한 길을 따라 어떻게든 나아가면 다른 동, 혹은 같은 동의 다른
라인으로 나올 수 있었다. 어둠 속에서 어디로 가면 어느 동이 나오는지 길을 꿸 정도의
정신은 없었기에 우리는 되는 대로 걸음을 옮겨 새로운 입구로 나오곤 했다. 그것은 마치
얼굴이 여러 개인 괴물 뱃속을 쏘다니다가 아무 입으로나 나와보는 일과 같았다. 가느다란
빛이 보이고, 점차 커지는 빛을 따라가면 바깥을 만날 수 있었다. 캄캄한 지하실을
쏘다니는 동안엔 나도 모르는 새 몸이 긴장되곤 했다. 친구를 잃을세라 손을 꼭 잡고
움직인 통에 손가락과 팔뚝이 쑤시던 기억이 지금도 선연하다.
허구한 날 지하실로 돌진하곤 했으니 그곳이 텅 빈 미로 같다는 걸 모르는 것도 아닌데
나는 바닥에 귀를 댈 때마다 누군가 살고 있다는 생각을 지울 수가 없었다. '웅, 웅' 하는
소리가 꼭 어떤 생명이 내는 소리인 것만 같았고, 집 아래 인간은 모르는 세계가 반드시
있을 것만 같았다. 그때 내가 상상한 '어떤 생명체'의 이미지는 희한하게도 '미라'였다.
영화에서 볼 법한, 썩지 않은, 그러나 보존되었다고도 할 수 없는 시체 형태의 미라가
아니라 애니메이션 〈두치와 뿌꾸〉나 '미쉐린 타이어' 마스코트를 닮은, 통통한 몸에

새하얀 붕대를 감은 조금 귀여운 미라. 개미들이 땅속에서 개미만의 길과 집을 만들고
저만의 사회를 만들어 가듯 지하실에도 미라들이 저들만의 언어로 저들만의 먹을거리를
구해 저들만의 질서로 살아가고 있다고 믿었다. 왜 지하실에 뭔가 산다고 믿은 건지, 그게
왜 하필 미라였는지 알 수 없으나 귀를 기울이면 미라 목소리가 들리는 것 같았다. 나는
꽤 자주 바닥에 귀를 대고 그들의 언어를 들었다. 카펫을 살짝 걷어 바닥에 귀를 대는
한겨울엔 바닥의 따끈한 온기가 뺨으로 전해져 슬며시 웃음이 났다. 그러다 까무룩 잠이 든
적도 있었다. 엉덩이를 천장으로 추켜올리고 두 다리를 구부린 채였으니 다리가 잔뜩 저린
채로 깨는 건 당연했다. 한편, 여름엔 미라들의 소리가 조금 멀리서 들려 귀를 쫑긋 세워야
했다. 아마 바람이 들라고 열어둔 창문 밖 소리가 집 안으로 흘러 들어오면서, 매미나
나뭇잎 흩날리는 소리가 섞이면서 지하 소리가 제대로 들리지 않은 것일 테다. 모르는 것도
아닌데 나는 여름의 활기가 사람들을 보다 부지런히 움직이게 하여 미라들이 겨울에 비해
숨죽여 생활한다 믿었고, 그들의 기척을 느끼기 위해 더운 계절엔 여느 때보다 안테나를
쫑긋 세우곤 했다. 그렇게 믿어간 계절이 쌓일수록 지하실로 들어가는 게 그다지 무섭지
않아졌다. 어딘가에 미라들이 줄지어 음식을 옮기고, 저들끼리 사랑 다툼을 하고, 여왕
미라에게 잘 보이기 위해 솜씨를 부리고 있다고 생각하면 귀여운 세계를 엿보는 것처럼
느껴졌다. 친구들과 지하실을 탐방할 때면 미라의 붕대가 등 뒤를 스쳐 지나갔다는 상상을
할 때도 많았다. 그래서인지 미라는 여전히 내게 요괴나 악마, 좀비 이미지보다 포켓몬처럼
또 다른 형태의 친구처럼 느껴진다. 내 미지의 비밀 이웃. 어떤 이유에서인지 언젠가부턴
지하실끼리 연결되는 통로가 막혀 다른 동으로 머리를 내미는 탐험은 불가능해졌고,
친구들은 한껏 좁아진 지하실 탐험에 흥미를 잃었다. 더는 그 아래 두 다리를 들이미는
일도 없고, 머리가 커가면서 땅바닥에 귀를 대어보는 일도 줄었지만 나는 여전히 거기서
미라들이 요령껏 살아가고 있다고 믿는다. 때때로 붕대 끝자락을 흩날리면서 지금도
뭔가를 바지런히 하고 있다고.

얼굴 없는 부지런한 이웃

첫 번째 집이 미라 위층 집, 두 번째 집이 예민 보스 위층 집이라면 지금 사는 집은
아랫집 없이 윗집들만 있는 그런 집이다. 윗집에서는 24시간 소리가 난다. 쿵쿵, 쿵쿵쿵,
쿵쿵쿵쿵쿵쿵쿵. 운동 기구라기엔 템포가 너무 빠르고, 생활 소음이라기엔 도무지 상상이
불가능한 둔탁하고 빠른 리듬. 나는 대단히 예민한 사람은 아니어서 소음에 생활이
방해받는 일은 잘 없지만 무감한 만큼 궁금한 게 많다. 저 빠르고 일정한 소리에 가능한
상상은 그나마 마늘 빻기 정도인데, 어느 누가 마늘을 한 번에 세 시간 이상, 하루에 도합
일곱 시간 가까이 빻는단 말인가. 한밤에도, 새벽에도, 이른 아침에도 소리는 멈추지
않는다. 가끔은 자지러지게 웃는 소리도 들린다. 방음이 잘 안되나 싶긴 한데 목소리가
큰 것도 분명한 듯하다. 즐거워서 웃는 웃음이라기보단 광기 어린 웃음처럼 들리는 건
과한 상상일까.
어린 시절 《제인 에어》를 읽으며 로체스터의 배우자 '버사 메이슨' 이야기를 맞닥뜨렸을
때 상상한 웃음소리와 꼭 닮았다. 캄캄한 다락방에 갇혀 울부짖고, 쉴 새 없이 웃어 재끼던
로체스터의 반려자. 한 달에 서너 번쯤 간헐적으로 자지러질 듯한 웃음이 20분가량 지속될
때면 무서우면서도 궁금했다. 뭘 하는 걸까. 웃음 사이사이 강아지 소리도 들려오는 걸
보면 강아지와 놀아주는 걸까 상상하게 되는데 오히려 강아지가 인간을 놀아주는 것이거나
'놀아준다'와는 전혀 다른 무언가를 하고 있을 것만 같은 느낌이 든다. 이를테면 강아지가
상다리가 휘어지게 상을 차려주어 너무 기쁜 나머지 웃음이 멈추지 않는다거나….
그런 식의 상상밖에 할 수 없는 것이다.
지금 이 글을 쓰고 있는 평일 13시 53분, 윗집에선 아침 9시쯤부터 뭔가를 줄곧 굴려대고
있다. 드르륵, 드르르륵, 드르르르륵…. 마른 식기들을 찬장에 넣으며 끊임없이 상상한다.
윗집에는 밭이 있나? 바퀴 달린 쟁기로 흙밭을 갈아엎는 소리 같은데? 나는 자그마한
화분들을 살리기 위해 물이 차지 않는지, 습도는 괜찮은지 꼬박꼬박 확인하기 바쁜데
윗집은 집 안에서 농사를 짓는다니! 그렇게 생각하면 새벽부터 들리는 소리들도 어쩐지
납득이 된다. 작은 생명 하나를 키우는 데 얼마나 많은 품이 드는지 몸소 겪고 있는데,
하물며 집 크기만 한 밭을 가꾸고 있다면 소리가 나는 게 당연한 거 아닌가. 상상의 풍선만
나날이 몸집을 키워간다.
합법적일 수만 있다면 위층 사람들의 하루를 남몰래 관찰하고 싶다. 주의를 주어 소음을
멈추게 하는 것보다 소리의 근원을 탐험하는 일이 내겐 훨씬 더 중요하다. 상상의 나래를
펼친다는 건 얼마나 생산적이고 즐거운 일인가. 소리로 누군가의 삶을 상상하는 데선
사람 냄새가 난다. 귀로 들을 뿐인데 생명의 냄새가 난다. 아직 한 번도 본 적 없는 위층
사람들을 상상하는 것 또한 그렇다. 큰 손과 큰 발을 가진, 어딘가 튼튼하고 까무잡잡할
것 같은 사람들. 큼직하게 움직이고, 큰 보폭으로 걷고, 손보다는 양팔을 쓰며 적당한
데시벨로 이웃의 부름에 응대할 것 같은 사람들. 구체적인 장면으로 상상을 깨뜨리기 싫어
나는 소리의 뿌리를 찾는 대신 수많은 선택지를 만들어 둔다. 내 머릿속 윗집은 거대한
밭이다. 배추도 있고, 마늘도 있다. 벌과 나비가 놀러 오고 비가 내리면 개구리도 간간
들렀다 간다. 수많은 생명이 윗집에 들락거려 여자는 생의 즐거움에 미친 듯이 웃는지도
모른다. '아, 살아 있어서 즐겁다! 아, 살아 있어서 행복하다!' 하면서.
15시 8분, 여전히 '드르르륵' 소리는 멈추지 않는다. 문득 그런 상상을 한다. 벌컥 윗집
문을 열어보는 상상. 나는 그만 너무 놀라 주변을 두리번거릴지도 모른다. 의외로 작은
사람들이 조용조용, 안온하게 살아가는 집일지도 모르니까. 밥상 치우기를 미뤄둔 채
〈우리말 겨루기〉를 보고, 마룻바닥에 귀를 대고 히죽히죽 웃는 정도의 생활상만 있는.

무타공

글·그림 한승재―푸하하하프렌즈

백련산 인근의 아주 조용한 동네에 거주한 적이 있었다. 도시 한가운데 위치한 곳이지만 높은 산 위에 있어 답답하지 않고 전망이 좋았다. 창문 밖으로는 숲이 가까이 있어 리조트에서나 봄 직한 자연이 매일 황홀하게 펼쳐지는 곳이었다. 난 그곳이 마음에 들었고 오래 살 생각으로 공들여 집을 가꾸었다. 바닥에 붉은색 카펫을 깔고, 조명을 모두 새것으로 바꾸었다. 가구를 사는 대신 모두 제작했다.

그러나 그곳은 내 집이 아니었기에 마음대로 할 수 없는 것도 많았다. 선반 하나를 벽에 걸어두고 싶은데 벽에 못을 박을 수 없었다. 하지 말라면 더 하고 싶은 법이라서 그랬던 걸까? 많은 시간 동안 못을 박을까 말까 망설이며 빈 벽을 바라보았다.

인터넷에 '무타공'이라는 글자를 검색하니 수많은 상품이 쏟아져 나왔다. 무타공 선반, 무타공 액자, 무타공 휴지걸이…. 남의 집에 사는 사람들이 벽에 무언가를 붙이기 위해 얼마나 고민하는지 알 수 있었다. 무타공으로 시작하는 상품의 대부분은 벽에 구멍을 내는 대신 널찍한 접착제를 벽에 붙이는 형태였다. 벽에 나무 선반을 붙이기 위해선 얼마나 널찍한 스티커가 필요할지 상상해 보았다. 벽에 선반을 붙이기 위한 스티커가 존재한다면 아마도 등에 붙이는 파스보다 훨씬 더 커다란 스티커일 거라고 생각했다.

예전에 부모님 집에 살았을 때는 벽 앞에 서서 생각하는 시간이 많지 않았다. 그냥 원하는 곳에 구멍을 뚫고 못을 때려 박았다. 선반을 만들어 원하는 곳에 걸어두고 책과 잡동사니 등을 올려놓았다. 그리고 특별한 이유 없이도 선반을 옮겨 달고는 했다. 집에 못을 박는 일은 꽤나 특별한 권리라는 것을 그때는 몰랐다. 특권이라면 예전에는 그런 걸 생각했다. 매일매일 일하지 않고 살 수 있는 자유, 그리고 아무리 어질러 놓아도 줄지 않는 여유 있는 공간. 시간과 공간을 무한으로 사용할 수 있는 것을 특권이라고 생각했다. 그러나 그것들은 어차피 내가 가질 수 없는 것이었고, 사실 그런 특권은 누리지 못한다고 해도 사는 데 딱히 불편함은 없다. 그러나 벽에 못을 박을 수 있는 특권은 다르다. 벽에 못을 박는 일은 간단한 일이다. 꼭 필요하며 누구나 언제라도 할 수 있는 것인데, 손에 못을 들고도 하지 못하는 것이니 불편하고 답답했다. 손으로 가려운 곳을 긁지 못하는 기분이었다. 못을 박아야 하는 곳에 널찍한 접착제를 붙이는 건 간지러운 곳에 밴드를 붙이는 기분이랄까?

어느 날 부동산에서 전화가 왔다. 집주인이 내가 살고 있는 집을 팔려고 한다며, 예의상 물어보는 것이겠지만 그래서 혹시 이 집을 사겠냐고 물었다. 집을 소유할 기회가 주어졌으니 그래서 이 집이 얼마냐고 되물었다. 구매하기엔 벅찬 금액이었고 그제야 부동산에서는 그들이 정말 해야 할 이야기를 하기 시작했다. 그렇다면 집을 사려는 사람들을 데려와서 집을 보여줘도 괜찮겠냐고. 어쩔 수 없으니 알겠다고 대답해 놓고서 나는 좀 기분이 이상했다. 혼자서 '꽁냥꽁냥' 살아가는 귀여운 집을 모르는 사람들에게 보여줘야 하다니, 모르는 사람에게 일기장을 보여달라고 하는 부당한 요구처럼 느껴졌다. 일기장 같은 내 집을 숨길 수는 없으니 대신 내가 숨겠다고 말하며, 차라리 빈 집에 손님들을 모시고 오면 안 되겠냐고 물어보기도 했다. 부동산 중개인은 그래도 아무도 없는 집에 누굴 데려올 수는 없다며 부디 시간에 맞춰 집에 있어주기를 부탁했다.

집을 구경 온 사람들과 그들을 안내하는 부동산 중개인은 무척 공손한 태도로 인사를 했고,

집 안에서 신발을 벗으면 어수선할까 봐 집 밖에서부터 신발을 벗으며 들어올 준비를 했다. 그리고 마치 지뢰밭을 건너는 군인들처럼 조심스레 한 걸음씩 발걸음을 옮기기 시작했다. 무척 조심스러운 듯 행동하며 두 눈으로는 주변을 샅샅이 둘러보는 모습. 누군가가 온몸을 훑어보는 것처럼 부끄러운 기분이 들었다.

그들에게 나는 누가 봐도 하기 싫은 일 억지로 하는 중학생 같아 보였을 것이다. 표정과 자세에 잔뜩 심술이 묻어나 있었다. 어정쩡한 자리에 서서 어정쩡한 자세로 그들을 지켜보고 있었다. 두 팔을 꼬아 팔짱을 끼거나 허리에 두 손을 올리는 자세를 취했다.

"물 틀어봐도 돼요?" "네."

"방음은 잘돼요?" "네 다 괜찮아요."

나는 심술이 났지만 속 좁아 보이고 싶지 않아 성실하게 대답했다.

"어머나 남자분이 집을 참 예쁘게 가꾸고 지내신다."

"……."

중개인과 손님은 미지근하게 인사를 건네며 집을 나섰다. 나는 차가운 현관 바닥에 발끝만 딛은 채로 문을 닫았다. 네 수고하세요. 문이 닫히는 찰나에 집 밖으로 물건을 툭 던지듯 인사를 내보냈다. 이들은 내내 조심스러웠고 그럼에도 나는 불편했다. 내 집을 예쁘다고 해줘서 좋았지만, 그럼에도 불편했다. 내 집이라고 여기던 이 집이 내 것이 아니라는 걸 자각하게 해서, 그 사실이 나를 불편하게 했던 것은 아닐까?

모르는 사람들에게 집을 보여주지 않아도 되는 것. 그것 또한 아무나 가질 수 없는 특권이었다.

예전에도 이런 적이 몇 번 있었다. 공들여 집을 고쳐 놓았는데 집주인이 바뀌며 그들이 이 집에 들어와 산다고 했다. 이전에도 두세 번이나 집주인에게 자리를 내어주고 나는 이사를 해야 했다. 집주인이 바뀌면 이번에도 본인이 들어와서 살려나? 그럼 나는 또 이사를 가야겠지? 이번에도 내 집에서 스스로를 쫓아낸 기분이 들었다. 그리고 아니나 다를까, 조만간 위치가 바뀌었다. 이 집에 사는 사람은 얼마 전 손님으로 방문한 사람이 되었고, 나는 이 집에서 나가는 사람이 되었다.

새로운 집주인이 될 사람은 젊은 부부였다. 그중 아내가 될 사람은 집을 고치는 데 큰 관심을 가진 듯 보였고, 내 집이었던 곳을 좋아해 주었다. 이제 곧 이사 오게 될 사람으로서 나에게 이것저것 물어보았다. "제가 집을 좀 고치고 싶은데 혹시 다시 방문해서 실측을 해도 될까요?" "네…." "저번에 바닥 높이를 안 쟀는데 혹시 알려주실 수 있나요?" "혹시 집을 고치실 때 그린 도면도 있으신가요?" "네에…."

내가 공들여 꾸민 집을 떠나야 하는 것이 아쉬웠지만, 난 그런 일로 누굴 탓할 정도로 낭만적인 사람은 아니다. 그래도 집을 좋아해 주는 사람이 들어오는 것을 기쁘게 생각하기로 했다. 어느 날은 문을 열어주었고, 어느 날은 실측 때 빼먹은 치수를 알려주었다. 집주인이 요구한 것도 아닌데, 집을 고치면서 만든 3d 파일까지 찾아 보내드렸다. 아무쪼록 집을 고치는 데 도움이 되셨으면 좋겠다고, 아름다운 집에서 잘 사시라고! 메일에 파일과 함께 간단한 인사말을 남겼다. 그렇게 메일을 보내려다 말고 한 줄 더 추가해 물어보았다. 혹시 집을 모두 새로 고치실 생각이시라면 사는 동안 못 좀 박게 해주실 수 있는지.

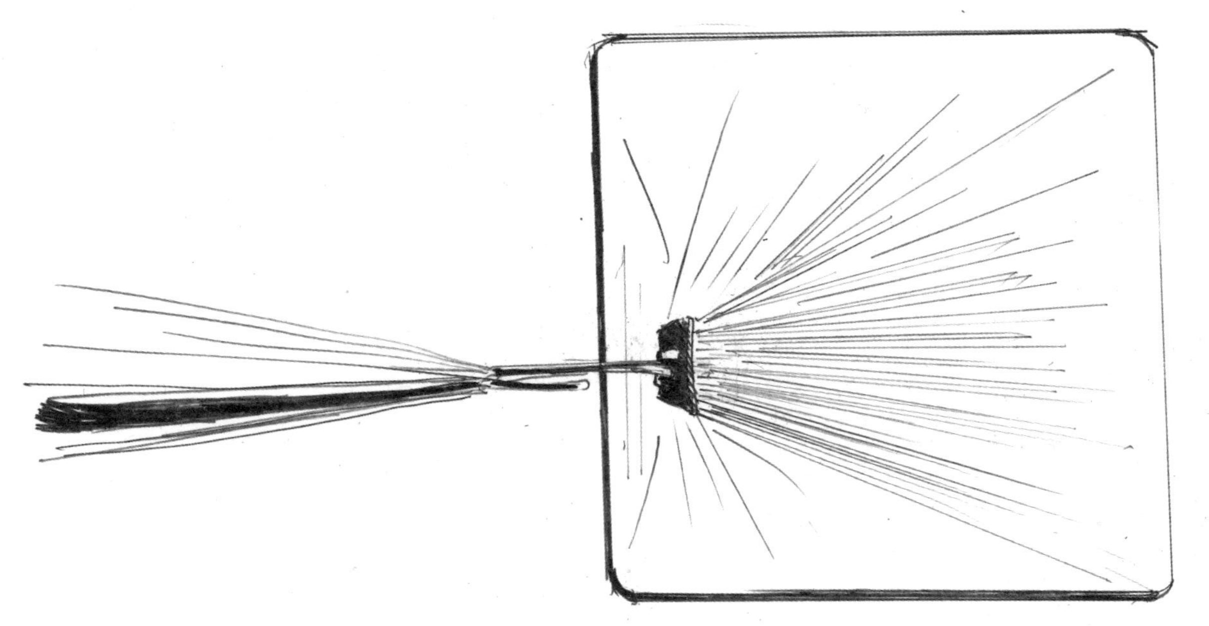

행복하고 싶어요

우리들의 집

한쪽에게는 집이 타이틀이자 자산이고, 다른 한쪽에게는 평생의 둥지이자
자아의 연장선이다. 상충하는 집에 대한 가치관들 사이에서 나는 어떤
집에 살고 싶은지, 나에게 집이란 무엇인지에 대해 생각했다.

글 한수희   일러스트 점선면

나는 스무 살부터 서울의 지하 월세방에 살다가 한 층씩 올라와서 결혼과 동시에 경기도의 아파트에 입성하는 지방 출신 자취생의 성공 신화를 이루었다. 그러나 성공은 잠시, 두 번의 출산으로 인한 가족 구성원 증가(먹일 입이 늘어났다)와 육아로 인한 소득 저하(내가 회사를 그만뒀다), 부동산 가격의 가파른 상승에 발맞추지 못한 남편의 임금 삭감(회사가 망할 지경이라고 했다)으로 인해 가세가 급격히 기울었다. 결국 우리는 아파트를 포기하고 낡은 단독주택과 빌라에 세 들어 사는 신세가 됐다.

수년 후 재개발로 빌라에서도 쫓겨나 멀리 서쪽 바다 옆으로 이사 오면서 우리는 아파트로 돌아가게 됐다. 심지어 이번엔 임대가 아닌 자가였다. 돌아가신 시어머니가 이 사실을 아셨더라면 무덤에서도 만세를 외치셨을 것이나, 우리가 이 아파트를 살 수 있었던 것은 성공해서가 아니다. 전셋집이 없었던 데다가 우리 같은 가난뱅이도 아파트를 살 수 있을 정도로 이곳의 집값이 너무, 너무 쌌기 때문이다. 그렇게 시큰둥한 기분으로 다시 아파트에 살게 된 지 6년째다.

아파트 생활이란 뭐, 편하긴 하다. 늦은 밤 골목길 주차 전쟁도 없고, 언덕길과 계단을 숨차게 오를 일 없이 엘리베이터가 집 앞까지 모셔다 준다. 날림으로 지어 방 안에서 얼음이 얼 정도로 웃풍이 세거나 천장이 묘한 각도로 기울어진 싸구려 주택이나 빌라에 비하면, 단열이 잘되어 있고 사면이 평평한 아파트에 사는 것은 신체적인 면에서나 정신적인 면에서나 건강에도 이로울 것 같다. 그러나 안타깝게도 나는 이 아파트 생활이 좀처럼 마음에

차지 않는다. 한마디로 재미가 없다. 호강에 겨워 요강에 칠을 하고 싶은 건지 나는 다시 작은 집으로 돌아가고 싶다. 공장에서 찍어낸 듯 천편일률적 구조의 아파트가 아닌 개성 넘치는 빌라나 주택으로.

그리고 여기 집에 관한 두 개의 전혀 다른 이야기가 있다. 드라마 〈서울 자가에 대기업 다니는 김부장 이야기〉(이하 〈김부장 이야기〉)는 제목처럼 평범한 한국 중년 남성의 인생 이야기다. 서울의 자가 아파트와 대기업 입사라는, 우리 모두가 당연한 듯 꿈꾸지만 실제로 얻기도, 지키기도 쉽지 않은 타이틀의 의미를 묻는 이야기. 반면 책 《서울의 어느 집》은 중년의 미혼 남성이 생애 최초로 갖게 된 낡은 집을 무려 7년 동안 수리하는 과정을 그린다. 서울이라는 값비싼 땅에 투자용 부동산이 아닌 자신만의 보금자리를 구현하기 위한 과정은 그야말로 고군분투이며, 21세기 대한민국에서 개성과 취향을 지키며 살아간다는 건 좀처럼 쉽지 않아 보인다.

동시대, 같은 나라의 같은 도시에서 펼쳐지는 이 두 이야기는 집에 대한 다른 가치관을, 더 나아가 삶에 대한 다른 시각을 보여준다. 어느 쪽이 옳고 어느 쪽이 그르냐의 문제가 아니다. 임금 소득만으로는 감당할 수 없이 치솟는 부동산 가격, 일자리는 줄고 기업들은 채용을 꺼리며 평생직장이라는 말이 유물이 되어버린 이 시대에 서울 소재 자가 아파트와 대기업 부장이 대체 어떤 의미인지, 우리는 이제 무엇을 향해 달려가야 하고 무엇을 통해 자신의

인생을 증명해야 하는지, 또 무엇에 의지해 살아야 하는지, 그리고 일과 집은 과연 우리에게 어떤 의미인지에 대한 어렵고 힘든 모색의 길이 시작되었다는 의미다.
〈김부장 이야기〉 속 김부장에게 서울 소재의 자가 아파트와 대기업 부장이라는 타이틀은 인생의 트로피 같은 것이다. 그런데 그 타이틀이 모두 사라진다면 김부장은, 아니 김낙수 씨는 대체 누구인가? 이제 그는 어떻게 살아야 하나? 상무 이사라는 꿈을 이루기 위해 갖은 애를 쓰다 결국 직장에서 밀려난 김낙수 씨는 얼마 안 되는 퇴직금마저 분양 사기로 날리고 만다. 그에게 남은 건 건물주를 꿈꾸며 호기롭게 진 거액의 빚뿐이다. 부담감에 짓눌린 그는 공황장애까지 겪게 되고, 가족들은 그를 원망한다.
김낙수 씨는 처제의 회사에서 눈치 보며 일하다가, 킥보드를 타고 밤새 대리운전을 하더니, 결국 형의 카센터에서 세차 일을 하게 된다. 물론 그러기까지 그의 마음속에서는 '내가 누군데…'라는 억한 심정이 수도 없이 치밀어 오른다. 내가 누구냐? 서울 자가에 대기업 다니는 김부장… 아니, 그는 그냥 김낙수다. 집도 절도 없는 김낙수. 무엇도 그를 수식해 주지 않고 무엇도 그를 지켜주지 않는다. 그건 마치 벌거벗고 거리를 활보하는 것 같은 느낌이다. 김낙수 씨가 그 벌거숭이의 느낌에 익숙해지기는 쉽지 않다. 실제로 많은 김부장들이 실패하는 지점이 여기다.
그러나 결국 김낙수 씨는 이 현실을 받아들인다. 그럴 수 있었던 이유는 그의 곁을 지키는 현명하고도 헌신적인 아내 박하진 씨 덕분이다. 결국 김낙수 씨 인생의 대박은 대기업

상무 자리도, 서울 자가 아파트도 아닌, 박하진 씨였다. 그리하여 그는 제2의 인생을 살아갈 수 있다. 그건 그가 꿈꾸던 인생 – 따박따박 들어오는 월세 받고 어깨에 힘주며 사는 팔자 편한 인생과는 다른 것이지만, 어쨌든 그의 인생은 거기에서 끝나지는 않는다.

박찬용의 책 《서울의 어느 집》을 나는 무척 재미있게 읽었는데, 마지막에 책장을 덮으면서는 절로 이런 생각이 들었다. '아, 참 좋은 책이다.' 그런 책은 드물다. 재미있는 책도, 의미 있는 책도, 잘 쓴 책도 있지만 절로 좋은 책이라는 생각이 들게 하는 책은 드물다. 그렇지 않은가?

한마디로, 나는 알고 싶었다. 더 길게 하면 이렇다. 나라는 한정된 자원과 재주를 가진 개인이 서울에서 그럴싸하게 산다는 목표를 달성하기 위해 무엇이 필요한지. 얼마를 들이고 누구를 만나 무엇을 만들어 낼 수 있는지, 집수리 예산 00만 원은 무엇으로 구성되어 있으며, 그 안에서 나는 얼마나 절약하고 어디에 사치를 해서 무엇을 구현할 수 있는지, 그리하여 내가 원하는 걸 얻을 수 있는지, 그 전에 내가 원하는 '그럴싸한 삶'이라는 게 무엇인지. 더 더 길게 한 대답이 이 책이다.

– 박찬용, 《서울의 어느 집》 중에서

이 책의 저자인 잡지 에디터 박찬용은 어느 날 연희동의 낡지만 튼튼하고 투자 가치가 전혀 없는 작은 아파트 5층 집을 산다. 그가 빚을 내서 이 집을 산 이유는 사라지지 않을 곳에 살고 싶어서였다. 안전등급이 낮아 재건축을 해야 하면 환영 현수막이 내걸리는 서울에서 과연 누가 자신의 아파트가 영원히 사라지지 않기를 바랄까?

이 독특한 개인은 태어나서 처음 갖게 된 집을 좋아하는 것들과 좋은 것들로 채우고 싶다. 낡은 집을 천편일률적으로 깔끔하고 모던하게 꾸민 집 사진은 인스타그램에서 많이 봤다. 이 집이 저 집 같고 저 집이 그 집 같은 집들 말이다. 그러나 박찬용이 원하는 집은 그런 집이 아니다. 잡지 에디터로 일하며 높은 안목을 갖게 되었으나 불행히도 주머니는 가벼운 그는 본인의 경제 사정에서 손에 넣을 수 있는 좋은 것들을 발품 팔아 찾는다. 다행인지 불행인지 서울은 유행의 도시, 아무리 좋은 것들도 유행이 지나면 악성 재고가 된다. 그가 노리는 것은 바로 그 악성 재고 자재들이다.

그리하여 그의 집은 서울 어느 곳에도 없을 독특한 집이 되었다. 물론 그 안에는 한정된 예산과 전문가 아닌 이가 저지른 어설픈 시행착오의 흔적들이 가득하다. 그러나 그 흔적은 모두가 같은 곳을 바라보며 달려가는 대한민국 사회에서 내 보금자리 하나만큼은 내가 원하는 곳으로 만들기 위해 분투했으나, 결국 나 자신과 이 사회의 한계를 인정하며 타협한, 어쩐지 귀여운 흔적들이다.

> 내가 비용을 더 들여 대단한 디자이너를 만났거나 현장의 악마처럼 기술자들을 몰아붙였다면 디테일이 조금 더 좋아졌을 수는 있다. 그러면 오늘날 서울의 시공 품질을 초월한 뭔가가 나왔을 수도 있다. 하지만 오늘날 서울의 평균을 초월했다면 이미 그것은 서울의 것이 아닌 것처럼 느껴졌을 것 같다. 이 집은 뭐가 됐든 당대 서울의 여러 요소가 그대로 반영되어 있으며, 그건 내가 이 집을 고치며 나름 원했던 바이기도 하다.
>
> — 《서울의 어느 집》 중에서

한 개인의 집수리 과정을 들여다보며 이 사회에 대해 생각한다. 그리고 이 사회에서 계속 살아갈 나에게 집이란 어떤 의미인지에 대해 생각한다. 이 나이에도 부동산 투자는커녕 집에서 재미를 찾고 싶은 나라는 인간을 어쩌나, 하고 생각한다. 동시에 서울의 새 아파트는 꿈도 꾸지 않은 덕분에 어처구니없이 인생이 (비교적) 풍요로워진 내 선택이 어쩌면 저성장 시대와 발맞춰 가는 게 아닐까

하는 생각도 한다.

그리하여 이 글을 쓰는 한수희 씨는 과연 아파트에서 탈출할 수 있을 것인가? 아파트에서 탈출해 볕이 잘 들고 느낌이 좋은 작은 빌라나 주택으로 돌아갈 수 있을 것인가? 한수희 씨는 집수리라는, 명이 10년은 짧아지는 것 같은 난관을 다시 감당할 수 있을 것인가? 영세 자영업자이며 글을 쓰는 한수희 씨의 앞으로의 인생은 어떻게 될 것인가? 한수희 씨의 경제적 사정은 새로운 집의 선택을 감당할 수 있을 것인가? 아니면 이대로 아파트에 정을 붙이는 것이 최선일 것인가? 대한민국 부동산 시장이 어떻게 돌아가든 한수희 씨는 살고 싶은 집에 살며 유유자적할 수 있을 것인가? 역전의 기회는 없을 중년의 나이, 왠지 집의 운명과 자신의 운명이 함께할 것 같아 한수희 씨의 용기는 수그러든다.

〈김부장 이야기〉 속 김낙수 씨는 결국 경기도 변두리의 낡디낡은 빌라에 세 들어 사는 남자, 작은 세차장을 운영하는 남자가 된다. 평생 갚아야 할 빚이 있는 남자가 된다. 영광의 타이틀 따위는 없는 남자가 된다. 그렇게 모든 게 끝난 것 같았는데도, 다 망한 것 같았는데도 이상하게 그는 불행하지 않다. 아니, 오히려 때때로 행복하다. 정말 이상한 일이다.

> 낡은 계단을 올라 집 앞에 다다르면 낡은 바닥 위로 특징 없어 보이는 문이 있는데 자물쇠 구멍만 유독 새것이다. 거기에 열쇠를 돌려 열면 완전히 새로 꾸몄지만 별로 새로워 보이지 않는 공간이 나타난다. 작고 소박한 꿈이 이루어지는 기분이었다.
>
> — 《서울의 어느 집》 중에서

김낙수 씨가 느끼는 행복의 기분도 바로 이런 거 아닐까? 작고 소박한 꿈이 이루어지는 기분과 비슷한 기분 아닐까?

Book—《서울의 어느 집》 박찬용 | 에이치비 프레스

Drama—〈서울 자가에 대기업 다니는 김부장 이야기〉(2025)

1.

2.

3.

4.

5.

6.

1. 예진문의 취미기록 | 문예진 | 책밥

예진문이 좋아하는 것을 오래 간직하는 방법은 기록이었다. 마음이 가는 물건과 여행, 식물, 요리에 관한 경험을 사진과 영상, 글로 꾸준히 남긴 것. 이 책은 취미기록과 더불어 그와 비슷한 취향을 좋아하는 이들을 위한 팁을 건넨다. 그가 즐겨 찾는 브랜드와 숍, 에어비앤비 리스트까지 예진문의 세계를 한 권에 담았다.

2. 좋은 물건 고르는 법 | 박찬용 | 유유

단순히 비싸고 유명한 물건보다 좋은 것을 찾고 싶은 사람들을 위해, 작가 박찬용이 물건을 살 때 참고할 기준을 제안한다. 후디, 백팩, 스니커즈, 청바지, 손톱깎이 등 일상에서 흔히 쓰는 물건을 현명하게 구매하기 위한 힌트를 건넨다. 더불어 나라는 사람이 중요시하는 기준과 태도까지 알아차릴 수 있게 돕는 책.

3. 아무튼, 식물 | 임이랑 | 코난북스

삶에서 도망치고 싶던 시기, 작가 임이랑은 집에 식물을 들였다. 식물들이 기대 이상으로 자라나거나 아무리 노력해도 말라 죽는 모습을 보면서 관계와 노래 같다는 걸 깨닫거나, 그들에게 내가 꼭 필요하다는 기분으로 하루를 살아갈 수 있었다고. 식물의 성장과 회복을 지켜보며 작가는 조금씩 단단해졌고, 그 이야기를 이 책에 담았다.

4. 할 수 있는 일을 하고 있습니다 | 봉현, 김규림 외 | 세미콜론

봉현, 김규림, 임진아, 김키미를 비롯한 여성 작가 10명이 집에서 어떻게 시간을 보내고 있는지를 썼다. 팬데믹으로 인한 새로운 일상을 직면한 이들은 집에서의 새로운 일상을 찾아갔고, 그로부터 얻은 집의 의미를 전한다. 집에 관한 열 가지 시선을 마주하다 보면 나에게 집은 어떤 공간인지 새롭게 정의해볼 수 있다.

5. 〈아버지의 세 딸들〉(2024) | 아자젤 제이콥스 | 드라마

병든 아버지이 임종을 앞둔 세 자매가 뉴욕의 작은 아파트에 모인다. 얕은 애정으로 연결된 자매들이 좁은 공간에서 생활을 함께하고, 오래전부터 쌓인 오해와 편견이 잦은 마찰을 일으킨다. 서로에게 받은 상처는 쉽게 아물지 않을 것처럼 보이지만, 화해와 회복 역시 조금씩 움튼다. 주요 배경이 아파트로 한정되어 한 편의 연극을 보는 듯한 인상을 자아낸다.

6. 〈캡틴 판타스틱〉(2016) | 맷 로스 | 드라마

주인공 벤, 엄마, 아이 여섯 명이 함께하는 이 가족의 집은 숲속이다. 이들은 현대 문명에서 벗어나 자급자족 생활을 선택하며 특별한 교육 방식을 이어왔다. 덕분에 아이들은 교육 수준이 매우 높지만, 외부 세계와 동떨어져 있다. 어느 날 엄마의 죽음으로 숲속 집을 떠나 도시로 나간 아이들. 혼란을 겪으면서, 새로운 삶에 눈을 뜬다.

AROUND Subscribe

실물 책을 소장할 수 있는
매거진 정기구독

1년 정기구독 | 97,200원 [10% 할인가]
격월 정기구독 | 16,200원 [10% 할인가]

1. 한 해에 여섯 번, 짝수 달 8일 발행 후 무료 배송
2. 홈페이지의 모든 기사를 비롯한 구독자 전용 온라인 콘텐츠 감상
3. 과월호, 굿즈, 토크 티켓 등을 구매할 수 있는 포인트를 결제 금액의 절반만큼 적립

우리 집의 그 시간

떠올리기만 해도 흐뭇한 그곳에서.

설거지 후 커피 한 잔 | 발행인 송원준

가장 난도 높은 설거지를 끝내고 나서 커피 한 잔을 마시면
휴식이 시작된다. 또 하루를 무사히 보냈다는 안도감이 천천히
올라온다.

거실 한쪽에서 | 편집장 김이경

작년 말부터 정신을 차리고 기록을 다시 시작했다. 나를 더 잘
보살피는 방법이 무엇일지 생각해보면, 결국은 무언가를 계속
남기는 일이라는 걸 나는 알고 있다. 거실 한쪽을 작업실로
만들었다. 읽고 쓰는 시간이 자연스럽게 늘어나길 바라면서.
아침에 일어나자마자 적는 짧은 일기, 그리고 하루를 닫으며
남기는 저녁의 기록들. 그 사이로 하루가 채워지고, 마음도 함께
차오른다.

집안일하다 보면 | 에디터 황진아

오랜만에 이불을 빨아 햇빛 아래 널어두고, 한 주 동안 먹을
밑반찬들을 만든다. 창고에서 짐을 모조리 꺼내 차례로
정리하고, 그러다 쌓여 있던 편지를 자리에 앉아 읽다 보면
하루가 금세 끝난다. 집안일하면서 듣기 좋아하는 배경 음악은
언제나 라디오다.

늦은 밤의 회동 | 에디터 차의진

대가족에게 혼자만의 시간은 사치! 아이들이 안방에서 TV를
보는 사이, 어른들은 거실에서 밥도 먹고 야식도 먹는다. 담소를
나누며 웃고 진지해지기도 하는 우리의 밤이 좋다. 양치를 마친
아이들이 들을지도 모르니, 디저트 이름은 반드시 거꾸로
말할 것. "크이케 사 왔어. 얼른 먹자."

주말에는 집이 최고야! | 마케터 문주원

집에서 보내는 주말이 부쩍 좋아졌다. 부족한 잠을 채우고
일어나 창문을 활짝 열고 바닥을 청소하거나 빨래를 해둔다.
늦은 아침으로는 빵과 달걀, 샐러드를 준비하고 좋아하는 원두를
골라 커피도 내린다. 유튜브 채널 '핑계고'의 새로운 에피소드를
틀어두면 더없이 행복한 주말의 시작이다.

나 홀로 밤에 | ABC 디렉터 하나

남편과 아이, 고양이까지 모두 잠든 밤에 조용히 홀로 깨어 있을
때가 좋다. 은은한 빛을 켜두면 오후와는 또 다른 여유가 생겨
오밤중에 나무에 물도 주기도 하고 국민 체조도 한다. 그 시간을
만끽하는 동안 쌓인 졸음은 내일의 나에게 슬그머니 미루고…
일단 즐긴다.

공간에 향을 입힐 때 | ABC 매니저 전지영

혼자 있는 시간을 중요하게 생각한다. 그만큼 내가 있는 공간에
내 취향이 짙게 묻는 것을 좋아하는데, 그 대표적인 예가 인센스
스틱을 태울 때다. 스틱을 대운 후 좋아하는 음악을 틀어두면
순식간에 명상적인 상태가 된다. 다른 누구와 함께하지 않는,
나만의 고유한 시간을 보낼 때가 좋다.

집에 관한 가장 사적인 의식 | ABC 매니저 김하영

종교도 없으면서, 때때로 기도한다. 대체로 사랑과 지혜와
용기를 달라는 카드캡터 체리 같은 주문을 외운다. 신도 감당하기
힘든 일방적 요구를 늘어놓은 의식은 종국에 늘 가장 중요한
것만 요약해서 마무리한다. '우리 집과 가족과 내 고양이들을
지켜준다고 약속해 주세요. 아셨죠? 네?'

부드럽게, 유연하게 | ABC 매니저 오은정

요즘 잠에서 부드럽게 깨어나려는 노력을 좋아한다. 눈을 뜨면
스포티파이를 켜 Brian Eno, Harold Budd의 'A Stream With
Bright Fish'라는 곡을 튼다. 꿈인지 현실인지 가물가물한
상태로 스트레칭하면 기분 좋게 하루를 시작할 수 있다.

생각하는 밤 | ABC 매니저 최하은

밤이 되면 천장 등 대신 따뜻한 빛을 내는 큰 키의 조명을
켜두는데, 조용히 생각하고 싶은 날에는 책상 위 작은 스탠드도
켠다. 그렇게 책상 앞에 앉아 이것저것 늘어놓다 보면 훌쩍훌쩍
울게 되기도 하고 마음을 단정히 가다듬게 되기도 하는데,
그 시간이 나를 나답게 만든다고 믿는다.

스팀과 예열의 시간 | ABC 매니저 정희석

오래된 쇠 다리미가 있다. 퇴근 후 바닥에는 어김없이 다리미판을
깐다. 무거운 다리미가 지나간 자리 아래, 구김 없는 옷을 보는 게
좋아서. 그게 다림질을 시작한 이유다. 무거운 하루를 잘 보내고
나면 나도 구김 없는 사람이 될 수 있을 것 같아서 오늘은 입술을
비죽 내밀고 더 집중해 본다.

헤드폰이 주는 고요함 | ABC 매니저 한지원

에너제틱한 우리 가족. 나도 그들의 소속이라, 비교적 같이
에너제틱한 편이지만, 30분만 있으면 바람 빠진 풍선처럼 쭈욱-
하고 힘이 빠지곤 한다. 슬슬 혼자 있고 싶어질 땐 창조주께
인사를 하고, 방으로 들어가 헤드폰을 낀다. 헤드폰이 주는
고요함, 시몬스 아니고 보스(최고).

햇볕에 진심인 편 | ABC 디자이너 임하경

날씨 좋은 주말 오전, 옥상에서 다 마른 빨래를 걷을 때가 유독
좋다. 건조기가 주는 뽀송뽀송함보다는 강한 햇볕에 바삭해진
빨랫감에서 묘한 쾌감을 느낀다. 옷에 배인 특유의 햇빛
냄새까지-이제 나에게 옥상 없는 집은 상상하기 어렵다.

온라인 정기구독

매월 가벼운 금액으로 공식 홈페이지에서 매거진의 모든 기사를 비롯한 구독자 전용 콘텐츠를
자유롭게 감상할 수 있습니다. 정기구독을 신청하시면 홈페이지에서 사용 가능한 포인트를 드립니다.

매거진·연재 에세이 열람 & Editor's Curation · E-Book 감상 & 홈페이지 포인트 지급
1개월 5,000원 / a-round.kr > Subscribe > 온라인 정기구독

AROUND NEWSLETTER

책에서 못다 한 이야기를 펼쳐 보입니다.
또 다른 콘텐츠로 교감하며 이야기를 넓혀볼게요.
홈페이지에서 뉴스레터를 구독해 주세요.

a-round.kr > Subscribe > 뉴스레터

Publisher

송원준 Song Wonjune

Editor in Chief

김이경 Kim Leekyeng

Senior Editor

황진아 Hwang Jinah

Editor

차의진 Cha Uijin

Art Director

김이경 Kim Leekyeng

Designer

윤원정 Yoon Wonjung

Cover Design Guide

오혜진 O Hezin

Cover Image

Kazuma Higashino

Photographer

강현욱 Kang Hyunuk

박은비 Park Eunbi

임정현 Lim Junghyun

최모레 Choe More

Project Editor

이주연(산책방) Lee Zuyeon

김건태 Kim Kuntae

배순탁 Bae Soontak

전진우 Jun Jinwoo

정다운 Jung Daun

한수희 Han Suhui

한승재 Han Seungjae

Illustrator

점선면 Jeom Seon-myeon

유수지 Yoo Suzy

휘리 Wheelee

Marketer

문주원 Mun Juwon

Copy Editor

기인선 Ki Inseon

Management Support

강상림 Kang Sanglim

Publishing

(주)어라운드

도서등록번호 제 2014-000186호

출판등록일 2009년 12월 5일

ISSN 2287-4216

창간 2012년 8월 20일

발행일 2026년 2월 6일

AROUND Inc.

서울시 마포구 동교로51길 27

27, Donggyoro 51-gil, Mapo-gu, Seoul, Korea

광고 문의 / 02 6933 5624

구독 문의 / 070 8650 6375

around@a-round.kr

a-round.kr

instagram.com/aroundmagazine

blog.naver.com/aroundmagazine